✧ 作者简介 ✧

王佳杰

上海工程技术大学校长办公室主任，上海工程技术大学高等教育研究所特聘研究员，华东师范大学教育博士。长期从事高校劳动教育理论和实践教学研究，长期开展青少年科普教育工作。上海市创业指导专家志愿团专家，上海市领导科学学会理事，入选教育部全国万名优秀创新创业导师人才库。荣获全国优秀共青团干部、中国青年志愿者优秀个人、上海市优秀志愿者、上海市节约用水优秀组织者、上海学校后勤保卫系统"感动人物"等荣誉称号。

崔　俊

上海工程技术大学后勤实业发展中心党政办公室主任，文学硕士。主要从事工作和研究方向：高校绿色学校建设、后勤党建工作、后勤管理服务育人及大学生劳动教育、网络思政教育理论和实践研究。曾获全国高校网络教育优秀作品推选展示活动三等奖、上海工程技术大学青年五四奖章等。

绿色低碳与劳动教育

王佳杰　崔俊　编著

清华大学出版社
北京

内 容 简 介

本书将绿色低碳发展理念与劳动教育紧密结合，发挥课程思政作用，详细介绍生态文明建设、绿色低碳生活、"双碳"目标、绿色低碳校园建设等内容。围绕节能节水、爱粮节粮、垃圾分类、爱绿护绿等绿色低碳生活方式，引导学生掌握融合绿色低碳的劳动教育理论和实践知识，提高个人劳动素养，深刻领会并践行绿色低碳发展理念。

本书既可作为高校绿色低碳与劳动教育课程教材，供广大学生阅读，也可作为劳动教育工作者的参考读物，为培养新时代的绿色低碳生活倡导者和实践者提供有力的教育支持。

图书在版编目(CIP)数据

绿色低碳与劳动教育 / 王佳杰, 崔俊编著. -- 北京：清华大学出版社, 2024.11. -- ISBN 978-7-302-67565-5

Ⅰ. G40-015

中国国家版本馆CIP数据核字第2024TA7315号

责任编辑：刘　杨　赵从棉
封面设计：何凤霞
责任校对：薄军霞
责任印制：曹婉颖

出版发行：清华大学出版社
　　　　网　　　址：https://www.tup.com.cn，https://www.wqxuetang.com
　　　　地　　　址：北京清华大学学研大厦A座　　　　邮　　编：100084
　　　　社 总 机：010-83470000　　　　邮　　购：010-62786544
　　　　投稿与读者服务：010-62776969，c-service@tup.tsinghua.edu.cn
　　　　质量反馈：010-62772015，zhiliang@tup.tsinghua.edu.cn
印 装 者：涿州市般润文化传播有限公司
经　　销：全国新华书店
开　　本：170mm×240mm　　印　张：8　　插　页：1　　字　数：140千字
版　　次：2024年11月第1版　　　　　　　　印　　次：2024年11月第1次印刷
定　　价：26.00元

产品编号：107143-01

前　言

当今世界，人类社会正面临前所未有的环境危机。工业化的迅猛推进、对资源的无度索取以及环境污染的持续加剧都在告诫我们：选择绿色低碳的生活方式不仅是全球的共同期盼，更是推动未来社会可持续发展的必由之路。

2021年，《中共中央 国务院关于完整准确全面贯彻新发展理念做好碳达峰碳中和工作的意见》（以下简称《意见》）提出"把绿色低碳发展纳入国民教育体系"。2022年，教育部印发《绿色低碳发展国民教育体系建设实施方案》，提出"到2025年，绿色低碳生活理念与绿色低碳发展规范在大中小学普及传播，绿色低碳理念进入大中小学教育体系"的建设目标。2023年，上海市教育委员会印发《上海市绿色低碳发展国民教育体系建设实施方案》（以下简称《实施方案》），要求"将绿色低碳发展理念融入高校劳动教育中，鼓励引导学生在劳动中践行低碳理念"。

本书积极响应《意见》和《实施方案》要求，将劳动教育的理论和实践教学与绿色低碳理念的传播和普及紧密融合，帮助学生掌握相关科普知识，引导学生树立人与自然和谐共处的观念，形成生态意识、环保意识，践行绿色低碳生活方式，并自觉投身绿色低碳发展的浪潮中去。

全书共9章，详述生态文明建设、绿色低碳、"双碳"目标、绿色低碳校园建设等主要概念及其关系，介绍融合绿色低碳理念的劳动教育活动如何有效开展，并从节能节水、爱粮节粮、垃圾分类、爱绿护绿等层面出发，引导学生掌握劳动技能、提高劳动素养、养成绿色低碳的生活习惯。本书还对面向未来的绿色低碳理念与劳动教育变革进行了探讨与展望。

本书可作为高等学校绿色低碳与劳动教育及相关课程或高校劳动教育通识课程教材，也可供相关教师教学与研究参考。

在本书的编写过程中借鉴了很多文献资料和著作，限于篇幅未一一列举，在此深表感谢！

本书为 2023 年度上海市松江区科普资助项目，项目编号为 2023SJKPZ042。特别感谢上海工程技术大学和清华大学出版社对本书出版的大力支持。

目　录

第 1 章
绿色低碳与劳动教育概述

1.1 绿色低碳的概念与意义

1.1.1 背景提出

随着全球人口数量和经济规模不断增长，由于资源和能源的过度使用而引发的环境问题日益严重。大气中二氧化碳含量的增加加剧了全球气候变暖，导致了一系列环境问题，例如大气污染、海洋污染和冰川融化等。这些变化不仅影响人类的生存环境，还可能对社会经济发展产生深远影响。

在此背景下，人们开始寻求新的发展模式，以应对全球气候变暖带来的挑战。以低碳为主导的发展策略，着重于通过削减对高碳能源的依赖、增加能源的运用效益、研究新的能源技术等手段，减少如二氧化碳等温室气体的排放，进一步推动经济社会的持久发展和进步。这种发展策略已被当今社会普遍接受，成为引领社会发展的新潮流，已然成为公众的义务和责任。

低碳的提出也是人类社会对传统生产和生活方式的反思。在过去，人类社会的发展主要依赖于化石能源的使用，但这种生产方式对环境造成了巨大的破坏。随着环境污染问题的日益严重，人类社会开始反思这种传统的生产和生活方式，开始寻求一种更加环保且可持续的发展方式。

2003 年，英国政府发布题为《我们能源的未来：创建低碳经济》的能源白皮书，详细解释了如何面对全球气温升高带来的人类生存生活问题，同时也引入了"低碳经济"的创新观点。此后，"低碳"一词逐渐成为全球绿色发展的共识，并被广泛用于描述那些以低排放、低污染、低能耗为特征的经济模式和生活方式。"绿色低碳发展""低碳生活理念""绿色低碳生活方式""低碳经济""低碳城市""碳达峰""碳中和"等相关发展战略和生活理念随之产生。

自 1992 年参加联合国环境与发展大会以来，中国一直在探索适合自身国情的可持续发展道路。我国"九五"计划把可持续发展确立为国家战略；进入 21 世纪，党和国家相继提出一系列发展理念，如"新型工业化"（2002）、"循环经济"（2003）、"两型社会"（2005）、"低碳发展"（2009）等。2006 年 12 月 26 日，科技部等六部委联合发布《气候变化国家评估报告》，这是我国编制的第一部有关全球气候变化及其影响的国家评估报告。2012 年，党的十八大报告把"绿色发展、循环发展、低碳发展"作为生态文明建设的重要途径。2017 年，党的十九大报告正式提出建立健全绿色低碳循环发展的经济体系。2022 年，党的二十大报告提出"必须牢固树立和践行绿水青山就是金山银山的理念，站在人与自然和谐共生的高度谋划发展"。

《中华人民共和国国民经济和社会发展第十四个五年规划和 2035 年远景目标纲要》提出，推动绿色发展，促进人与自然和谐共生。到 2025 年，生态文明建设实现新进步，生态环境持续改善。到 2035 年，生态环境根本好转，美丽中国建设目标基本实现。"十四五"时期，我国生态文明建设进入了以降碳为重点战略方向、推动减污降碳协同增效、促进经济社会发展全面绿色转型、实现生态环境质量改善由量变到质变的关键时期。"绿色低碳"即将低碳发展的理念融入推动绿色发展的模式中。它强调在推动经济社会发展的同时，注重生态环境保护，实现绿色、低碳、循环发展。绿色低碳不仅是应对全球气候变化的重要举措，也是推动经济社会可持续发展的重要方向。

绿色低碳作为一种新型的发展模式，不仅是对全球气候变暖挑战的回应，也是人类社会对传统生产和生活方式的反思和改进。它旨在通过改变传统的生产和生活方式，实现经济社会的可持续发展，为人类社会的未来发展开辟新的道路。

1.1.2　绿色低碳生活方式的基本概念

2020 年 12 月 12 日，国家主席习近平在联合国气候雄心峰会上指出："要大力倡导绿色低碳的生产生活方式，从绿色发展中寻找发展的机遇和动力。"

　　绿色低碳生活方式是指以保护生态为出发点，通过减少二氧化碳排放和资源消耗，实现可持续发展和健康生活的一种生活方式。在日常生活中，践行绿色低碳的生活方式，主要通过采取各类环保、节能和可持续发展的生产、生活策略，在降低对环境不利影响的同时，增强资源的使用效率，从而达到可持续发展的目标。

　　绿色低碳生活方式提倡人们建立一种新的生活和消费理念，实现人类与自然的和谐共生与协调发展。这种生活方式不仅关乎个体的选择和行动，更是社会持久进步和可持续发展的重要路径。

　　践行绿色低碳生活方式是公民承担环境保护责任和可持续发展理念的重要体现，涉及人们衣、食、住、行等各个方面，需要每个人从自身做起，从小事做起。同时，政府、高校、企业和社会组织应不断加强宣传，推广绿色低碳生活的新理念和新方式，并提供相关政策支持，促进全社会的共同参与和实践。

1.1.3　绿色低碳生活方式的主要内容

　　我国在 20 世纪 90 年代组织开展节能宣传周活动。自 2004 年起，全国节能宣传周活动由原先的 11 月改为 6 月的第二周，旨在提升公众在夏季使用电力高峰期的节能意识。2012 年 9 月，国务院决定设立"全国低碳日"，确定自 2013 年起，将全国节能宣传周的第三天设立为"全国低碳日"。

　　"全国低碳日"的设立，目的在于普及气候变化知识，宣传低碳发展政策和举措，引导大众践行节能减排、绿色低碳、生态环保的生活方式。在日常生活中，我们可以通过节水节电、资源回收、绿色出行等方式践行绿色低碳生活。例如，使用节能灯具、关闭不必要的电器、减少食物浪费、分类回收垃圾等。这些行动不仅有助于减少个人和社会的碳足迹，还能促进资源的有效利用，推动绿色发展。绿色低碳生活的主要方式有以下几方面：

　　（1）节约生活能源。避免能源浪费，实施"光盘行动"，减少水、电、气的使用。采购高效率的家居产品以及节约用水的设施，适当地控制空调的温度，适时地切断电器的供电，最大限度地减少使用电梯。

　　（2）倡导绿色消费。对于消费行为应保持理智和适度的理念，首要考虑的是选择环保和低碳的商品，尽量减少使用一次性的物品，可以将手头的购物袋、水杯等循环利用或者进行捐赠。

（3）选择低碳出行。采取环保的出行方式，首选步行、骑自行车或者乘坐公共交通工具，尽量利用共享的交通设施；而在购买家用汽车时，应当优先考虑新能源和节能的汽车。

（4）垃圾分类处理。学习如何进行垃圾分类和回收利用，以减少垃圾的产生。根据标识单独处理有害垃圾，并将其他垃圾分类处理，避免随意丢弃或放置。

（5）减少污染环境。避免在户外燃烧废弃物，减少对散煤的消耗，更加注重利用清洁能源，减少对化学洗涤剂的依赖，并避免随地排放污水。珍爱土地，防止因过度使用农膜引起的环境污染和地力下降问题。

（6）爱护自然生态。遵循、顺应环境规律，积极参加义务植树活动，不购买和使用野生动植物制品，禁止食用野生动物，并且不擅自引进、释放或者丢弃外来物种。

（7）投身环保实践。积极推广生态文明理念，主动投身并成为环保志愿者，从规范自身行为做起，影响并带动更多的人参与到环保的实际行动中。

（8）参与环保监督。严格遵守生态环境的相关法律法规，带头参与生态环境的监管行动，对污染、损害生态环境的行为进行劝说、遏制或揭露。

1.1.4　青年学生绿色低碳教育的意义

青年学生是社会主义事业的建设者和接班人，是生态环境创造和保护的青春力量，也是绿色低碳理念普及推广的有生力量和先锋力量。引导学生群体养成绿色低碳生活方式既是形势要求，也是时代所趋。2022 年，教育部印发《绿色低碳发展国民教育体系建设实施方案》，要求将绿色低碳发展理念全面融入国民教育体系各个层次和各个领域，培养践行绿色低碳理念、适应绿色低碳社会、引领绿色低碳发展的新一代青少年，发挥好教育系统人才培养、科学研究、社会服务、文化传承的功能，为实现碳达峰碳中和目标作出教育行业的应有贡献。因此，我们要在学生中大力推广环保和低碳生活的理念，大力普及相关科普知识，使他们清晰地认识到应担负的社会责任，并掌握引领低碳生活方式的方法，这对于构筑新时代生态文明社会至关重要。

开展学生绿色低碳教育是绿色低碳理念发展的内在要求和国民绿色低碳教育的现实需要。普及绿色低碳生活理念，使学生群体充分认识到人类活动对环境的影响，从而树立起尊重自然、保护环境的意识，既培养了学生对环境保护的责任感和使命感，也有助于提升他们的劳动能力和创新创造能力，促进其全面发展。

在塑造人生观、价值观和世界观的关键阶段，开展学生绿色低碳教育的意义在于以下四个方面：

（1）促进绿色低碳文化的社会传播。青年是社会的未来和希望，他们的行为和观念在很大程度上影响着社会的发展趋势。通过对学生进行绿色低碳教育，可以培养他们对环境保护和可持续发展的意识和责任感、使命感，进而促使他们在日常生活中积极践行绿色低碳的生活方式，并通过自身言行影响周围的人，从而促进绿色低碳文化在社会中的广泛传播。

（2）激发青年群体的低碳行动力。绿色低碳教育不仅仅是一种知识的传授，更是一种积极向上的行动力培养。通过教育，学生可以了解到低碳对人类社会发展的重要性和紧迫性，进一步激发他们从自身做起，采取实际行动来减少碳排放，并形成保护地球家园的行动自觉。这种低碳行动力的培养对于推动社会的可持续发展具有重要意义。

（3）培育绿色低碳发展的科技创新人才。青年是科技创新的主力军，学生的创新、创造能力是实现人才高质量发展的关键，也是驱动未来绿色低碳领域发展壮大的重要能力。通过绿色低碳教育，引导学生关注绿色低碳领域的前沿技术和研究动态，鼓励他们积极投身到绿色低碳技术的研发和推广中去，为社会的可持续发展贡献自己的力量。

（4）拓展劳动教育的实施路径。绿色低碳教育与劳动教育紧密相连、相辅相成。通过将劳动教育与环境保护、可持续发展等绿色低碳理念相结合，既可以丰富劳动教育的内容，还能够提高学生对劳动教育的认同感和参与度，有助于增强学生面向社会热点问题的劳动价值观和伦理意识，避免了劳动教育的形式化，使劳动教育更具时代性、前沿性，为劳动教育的实践拓展了新的路径。

1.2　新时代劳动教育的内涵与特征

1.2.1　新时代劳动教育的目标

劳动教育在我国的教育体系中始终占据着重要地位。坚持教育与生产劳动相结合的教育方针，学校通过组织各种形式的劳动活动，如工农业生产劳动、社会公益劳动等，培养学生的劳动观念、劳动技能和劳动习惯。同时，劳动教育也被视为实现全面育人目标的重要途径之一。

新时代教育改革强调全面育人，注重培养学生的综合素质和社会责任感。劳动教育作为全面育人体系的重要组成部分，对于培养学生的劳动观念、劳动技能和劳动素质具有重要作用。随着社会的进步和经济的发展，对人才的需求也在不断变化。除了专业知识和技能外，用人单位越来越注重人才的实践能力和创新精神。通过强化劳动教育，可以帮助学生提升实践技巧和创新思维，进一步提升他们的全面素养，从而更有效地满足社会进步的需要。2020 年 3 月印发的《中共中央 国务院关于全面加强新时代大中小学劳动教育的意见》，旨在加强新时代大中小学劳动教育，全面构建体现时代特征的劳动教育体系，培养德智体美劳全面发展的社会主义建设者和接班人。

具体来说，新时代劳动教育的目标包括以下几个方面：

（1）树立正确的劳动观念。新时代劳动教育要求学生树立正确的劳动观念，对劳动创造美好生活、实现个人价值和推动社会进步能够有深入的认识，并能够清晰理解尊重劳动、热爱劳动的价值和意义，形成积极健康的劳动观念。

（2）培养良好的劳动习惯。新时代劳动教育强调学生要养成良好的劳动习惯，包括自己的事情自己做、家里的事情帮着做、集体的事情一起做等。在进行日常的家务劳动、创造性劳动以及服务性劳动时，学生需要掌握动手操作的技能，付出努力，进行体力锻炼，提升意志品质。

（3）掌握劳动技能。新时代劳动教育强调学生应掌握基本的劳动技能，包括日常的生活性劳动和服务性劳动等基本技能。通过劳动课程和实践活动，学生应学会基本的劳动知识和技能，提高劳动能力和创新精神。

（4）弘扬劳动精神。新时代劳动教育要在学生群体中广泛弘扬劳动精神，其内涵包括崇尚劳动、尊重劳动、诚实劳动等。通过劳模事迹教育、传统文化中的劳动精神教育、劳动与"四史"教育相结合等措施，进一步激发学生对劳动的热情，塑造正确的劳动态度。

（5）实现综合育人价值。新时代劳动教育注重"德智体美劳"五育融合的育人价值，促进学生的全面发展。通过劳动教育，培养学生正确的世界观、人生观、价值观，提高他们的综合素质和社会责任感。

1.2.2　新时代劳动教育的内涵

新时代劳动教育的内涵可以凝练为以下四个方面：

（1）树立正确的价值观。在劳动教育中，我们需要塑造学生的劳动观念与劳动精神，让他们明白劳动对于个体成长以及社会前行的关键作用，以此建立起劳动的荣誉感。劳动的美不仅在于能创造美好的物质和精神财富，还在于劳动过程中所展现的互帮互助、顽强拼搏、永不放弃等良好的品质，有助于学生形成正确的价值观。

（2）提升实践能力。劳动教育与专业实践相结合，可以帮助学生掌握各类实用技能，提高解决实际问题的能力。尤其对大学生而言，技能培训、工程训练、专业实习、毕业实习等本身就是一种劳动实践教育。

（3）培养社会责任感。通过参与劳动，学生能够更深刻地理解劳动的价值和意义，更加珍视劳动成果并尊重劳动者，了解到社会的需求和发展方向，从而清晰认识到自己肩负的社会责任，明确职业目标和规划。

（4）促进个人成长。劳动教育是国民教育体系的重要内容，也是学生全面成长的必由之路。通过劳动价值观教育、劳动知识传授、劳动实践和体验等，创造良好的育人环境，帮助学生实现个人价值和个人成长目标。

1.2.3　新时代劳动教育的特征

我国新时代劳动教育具有以下特征：

（1）时代性。新时代劳动教育紧扣育人价值，培养学生正确的劳动价值观和良好的劳动品质。新时代劳动价值观将"劳动最光荣、劳动最崇高、劳动最伟大、劳动最美丽"作为其核心价值理念。理论上要认识"人民创造历史，劳动开创未来。劳动是推动人类社会进步的根本力量"的唯物史观。实践上领悟"把自己的理想同祖国的前途、把自己的人生同民族的命运紧密联系在一起，扎根人民，奉献国家"的时代需求。在劳动教育课程、职业生涯规划和就业指导中充分结合学生未来的劳动、工作、职业发展需要，帮助学生树立正确的劳动观念和价值观。

（2）实践性。新时代劳动教育注重实践操作，强调学生亲身参与、动手操作，通过实践培养学生的实际工作能力和技能水平。学生可以通过日常生活性劳动、生产性劳动和服务性劳动接受知识、技能与价值观相统一的劳动教育。其中，日常生活性劳动教育，包括参与家务劳动，即衣、食、住、用、行等日常自我生活事务劳动；生产性劳动教育，包括参与工农业生产有关劳动，学习使用劳动工具，体验从简单劳动向复杂劳动、创造性劳动的过程；服务性劳动，包括参加社会性、服务性劳动，参加社会公益服务和志愿服务等。这些活动可以培养学生的实践能力，使其掌握分析解决问题的劳动本领，增强劳动观念、提高劳动技能。

（3）教育性。新时代劳动教育是一种综合教育，通过发挥劳动教育树德、增智、强体、育美综合育人价值，以实现学生的全面发展。新时代劳动教育要以培养全面发展的时代新人为教育目的，融入德、智、体、美教育，落实立德树人根本任务。德育方面，通过劳动教育重点培养学生热爱劳动、尊重劳动、珍惜劳动成果的思想和行为品质，提升学生的道德素养。智育方面，通过劳动教育将所学知识应用于实践中，促进学生对知识的理解和应用，同时也可以通过实际操作，提高学生的动手能力和解决问题的能力。体育方面，学生通过参加劳动实践，锻炼身体，增强体质，提高身体素质。美育方面，学生在劳动过程中，培养审美意识和创造力，感受到劳动的美和创造的价值。

（4）综合性。新时代劳动教育涉及多个领域和学科，包括自然科学、社会科学、人文科学等，注重多学科交叉融合，培养学生的综合素质和能力。劳动教育要注重跨学科的交叉和融合，将不同学科的知识和技能融合在一起，以培养学生的综合素质和创新能力。例如，通过将人文社会学科和自然科学、生命科学等领域相互结合，可以从全新的角度提升学生对于劳动的多元理解，帮助他们培养分析和处理复杂劳动问题的能力，从而教会学生获取新知识，探索新技术、新工艺、新思路。

（5）创新性。新时代劳动教育注重培养学生的创新意识和创新能力，鼓励学生发挥想象力和创造力，积极探索新的领域和方向。劳动教育要培养学生的创新劳动观念和创造性思维，鼓励他们积极探索新的劳动方式和方法，提高劳动效率和创造性。要注重培养学生的创新、创业能力，激发学生对创新、创业的精神追求。要加强学生从社会需求与民生需求中发现问题，并通过自主原创提高解决问题的能力，积极开展各种创新性劳动实践项目，如科技发明、社会调查、公益服务等。要通过劳动强化学生的自我管理的意识和能力，将劳动教育作为培养学生沟通、协调、组织、管理等非技术能力的重要途径，提升学生的自我领导力。要将绿色低碳理念创新性地融入劳动教育的全过程中去，引导学生在劳动中践行绿色低碳生活方式，思考并推动解决制约可持续发展的顽瘴痼疾，使学生从劳动的参与者转型为推动新质生产力发展的新时代践行者。

1.2.4　新时代劳动教育的内容要求

根据教育目标，针对不同学段、类型学生的特点，以日常生活性劳动、生产性劳动和服务性劳动为主要内容开展劳动教育。结合产业新业态、劳动新形态，注重选择符合时代要求和社会需求的劳动教育内容。

在基础教育阶段，劳动教育主要围绕劳动意识的启蒙和日常生活性劳动习惯的养成，让学生体会到劳动最光荣，并逐步培养吃苦耐劳的品质。在高等教育阶段，劳动教育要让学生在爱劳动、会劳动的基础上理解劳动对社会发展和人类福祉的重要作用，明劳动之理。要帮助学生深入理解劳动的本质规律、创造价值和普遍意义，着力揭示完整劳动世界的复杂性，突出其思想含量。高校劳动教育还应与专业学习和创新创业教育紧密结合，通过实习实训、专业服务、社会实践、参加双创赛事等，引导学生把对客观世界知识的探求与国家发展建设的需要、个人职业发展的规划结合起来，树立正确的择业观。要加强劳动教育与科技创新的融合，融入人工智能等新技术手段，引导学生通过科技创新发明改良劳动工具、优化劳动方法、提高劳动效率，增加劳动教育的科技含量。要注重培育学生的大局意识和服务意识，懂得空谈误国、实干兴邦的深刻道理，在面对重大灾害和公共危机时挺身而出、主动作为、乐于奉献。要加强劳动法治观念的培育，使学生掌握劳动法律法规的相关知识，在参与社会劳动过程中懂得保护集体利益和个人利益。

具体来说，实施劳动教育的方式可以多种多样，应该整合学校、家庭、社会等各种资源，通过课堂教学、校内实践、校外实践、家庭参与和校园文化等多元化的途径，全方位推动劳动教育的落地。

（1）课堂教学。通过开设专门的劳动教育课程向学生传授劳动知识和技能，培养学生的劳动意识、劳动习惯、劳动精神。包括第一课堂的劳动教育理论课程，以及专门的劳动教育课堂体验课程，如手工制作、园艺种植、烹饪等。课堂教学也包括在现有专业课程建设中融入劳动教育内容，如劳动技术、劳动安全、劳动法规等，体现课程思政的要求。

（2）校内实践。学校可以利用校园内的资源，组织学生进行各种形式的劳动实践，如开展卫生大扫除、植树造林、垃圾分类等日常性劳动，也可以设立劳动实践基地，如种植园、养殖园、手工制作室等，让学生参与种植、养殖、制作等生产性劳动。

（3）校外实践。学校可以与社会企业、社区等合作，建立劳动教育基地，让学生参与社会实践性劳动，如组织学生到工厂、农场、社区等进行实习实训，参与社会公益劳动，如环保志愿服务等。

（4）家庭参与。家庭是学生成长的重要场所，也是劳动教育的重要实施途径。父母应积极引导孩子参与家务劳动，例如整理房间、清洁卫生、烹饪等，培养孩子从小就养成优秀的劳动习惯。

（5）校园文化。学校可以通过举办各种形式的劳动文化活动，如劳动技能比赛、劳动成果展示、劳动经验分享等，营造劳动教育的浓厚氛围，让学生感受到劳动的乐趣和价值。

1.3 绿色低碳与劳动教育的融合与创新

随着全球气候变化和环境污染问题的日趋严重，绿色低碳已成为全球范围内的热门话题。青年作为未来社会的重要力量，需要具备绿色低碳意识，积极参与环保行动。同时，大中小学各阶段的劳动教育作为培养学生动手能力和劳动精神的重要途径，应当与绿色低碳教育相互融合，创新教育模式。

1.3.1 绿色低碳与劳动教育融合的必要性

绿色低碳与劳动教育的融合对青年学生的成长和发展具有重要意义。它不仅有助于培养青年学生的环保意识和劳动能力，还可以促进他们的全面发展，培养他们的社会责任感和健康人格。主要体现在以下几个方面：

（1）培养环保意识。通过绿色低碳劳动教育，学生可以更加深入地了解环保的重要性，形成绿色低碳的生活理念。这种理念将影响他们的日常行为，使他们更倾向于选择环保的生活方式，如节约资源、减少废物等。

（2）锻炼劳动能力。绿色低碳劳动教育往往涉及各种实际操作和活动，如垃圾分类、种植绿植等。这些活动不仅可以锻炼学生的动手能力，还可以培养他们的劳动技能和习惯。

（3）促进全面发展。绿色低碳劳动教育是德智体美劳全面发展教育的重要组成部分。通过参与绿色低碳劳动，学生可以在实践中学习新知识，培养解决问题的能力，同时也有助于形成积极的人生态度和正确的价值观。

（4）培养社会责任感。绿色低碳劳动教育有助于学生认识到自己在社会中的责任和义务。通过参与环保活动，他们可以更加深刻地理解环保对社会的重要性，从而更加积极地参与到环保行动中来。

（5）塑造健康人格。绿色低碳劳动教育对学生的人格塑造也有积极的影响。通过劳动，学生可以学会合作与分享，培养坚韧不拔的意志和积极向上的精神风貌。同时，学生也可以在劳动中体验到成就感和自我价值实现的快乐。

对社会而言，绿色低碳与劳动教育融合有助于推动社会的可持续发展，培养未来劳动力，促进社会和谐，促进经济转型，提高全民环保意识等。主要体现在以下几个方面：

（1）推动可持续发展。绿色低碳劳动教育强调资源的节约与循环利用，鼓励采用低碳科技和低碳生活方式，从而有助于减缓气候变化，保护环境和生态系统。这种教育方式有助于推动社会的可持续发展，为未来的社会创造更加宜居的环境。

（2）培养未来劳动力。绿色低碳劳动教育培养学生具备环保意识和劳动能力，他们是未来社会的重要劳动力。步入社会后，践行绿色低碳理念并在校园学习期间沉浸式接受劳动教育的学生往往有更多的动力、毅力和能力在工作中继续沿袭绿色低碳生活习惯，为企业培养一批批推动绿色发展的优质劳动力群体。

（3）促进社会和谐。绿色低碳劳动教育强调集体和个人的社会责任，注重培养人们的环保意识和责任感，有助于创建更加平等、和谐、可持续的社会环境，增强社会的凝聚力和稳定性。

（4）促进经济转型。绿色低碳劳动教育的内容关注低碳产业的发展带来的经济转型和升级，从而有助于促进经济的转型和升级。这种转型不仅有利于环境保护，还能够为经济发展提供新的动力和机会。

（5）提高全民环保意识。绿色低碳劳动教育通过丰富有趣的环保活动，提高全民环保意识，鼓励绿色消费，推广循环经济，倡导绿色生活理念。教育活动的开展有助于增强全社会的环境保护观念，激励以青年学生为引领的全体社会成员一起参与到环境保护中来，一起保护和关爱我们共同的地球家园。

1.3.2 绿色低碳与劳动教育融合的可行性

当前，国家已陆续出台关于绿色发展和环境保护的政策和法规，鼓励社会各界积极参与到绿色低碳生活中来。在教育领域，国家进一步强调了劳动教育的重要性，倡导将劳动教育与日常生活、社会实践相结合，这为绿色低碳教育与劳动教育的融合提供了政策支持和行动指南。步入新时代，绿色低碳教育与劳动教育的紧密融合不仅必要，而且势在必行，其可行性体现在以下六个方面：

（1）两者教育理念相契合。绿色低碳理念与劳动教育的核心理念和育人目标高度一致，都强调培养学生的社会责任感、实践能力和可持续发展意识。绿色低碳注重环境保护和资源的合理利用，而劳动教育则强调通过实践活动来培养学生的动手能力和社会责任感。两者的融合，可以更好地促进学生的全面发展。

（2）两者教育资源可共享。绿色低碳教育与劳动教育在教育资源上存在很大的共享空间。例如，学校可以利用现有的劳动教育基地或实践场所，开展绿色低碳相关的实践活动。同时，绿色低碳的相关教育资源，如环保设备、教材等，也可以为劳动教育提供有力支持。

（3）两者实践方式可统一。绿色低碳教育与劳动教育的实践方式具有很高的统一性。在劳动教育中，学生可以通过参与各种实践活动，如课堂教学、校内实践、校外实践、社区服务等，来提升自己的动手能力、社会责任感和对环境保护的认同感。而绿色低碳的实践方式，如垃圾分类、节能减排等，也可以很好地融入劳动教育的实践中，使学生在实践中更好地理解和践行绿色低碳理念。

（4）两者创新载体可整合。绿色低碳教育与劳动教育在创新载体上也可以进行整合。例如，可以共同开展创新性的实践活动，如绿色低碳劳动创意大赛、环保劳动项目等。这些创新性的实践活动不仅可以培养学生的创新意识和实践能力，还可以推动绿色低碳理念的传播和实践。此外，结合劳动教育创新载体开展绿色低碳相关的研究，有助于推动关键性技术新发展新突破，有力支持实现"双碳"目标科研攻关，从而实现碳达峰碳中和相关领域的创新发展。

（5）两者教育评价可互补。绿色低碳教育与劳动教育在教育评价方面也可以进行互补。在评价学生的劳动成果时，可以引入绿色低碳的评价标准，如资源的合理利用、环境的保护等。同时，在评价学生的绿色低碳行为时，也可以考虑其劳动态度和实践能力。这样的互补评价可以更好地反映学生的全面素质和能力。

（6）社会支持度高。绿色低碳教育与劳动教育的融合得到了广泛的社会支持。政府、企业、社区等各方都推出了一系列的政策支持和实践平台，为学校和学生提供了丰富的教育资源和实践机会，为两者的深度融合提供了有力的政策和资源上的保障。

1.3.3　绿色低碳与劳动教育融合的聚焦点

绿色低碳与劳动教育融合的聚焦点在于实践操作与体验、环保意识的培养、跨学科融合以及社区与社会的参与。这些聚焦点的实现，可以进一步推动绿色低碳与劳动教育的深度融合。

一是实践操作与体验。融合的核心在于强化实践操作与体验，让学生通过亲身参与绿色低碳的实践活动，如垃圾分类、节能减排、绿植养护等，深入理解和体验环保的重要性。这种实践操作不仅能够培养学生的劳动技能，还能让他们在实际行动中感受到绿色低碳带来的变化和成果。

二是环保意识的培养。融合过程中需要注重环保意识的培养。通过劳动教育引导学生关注环境问题，认识到自己的行为对环境的影响，并逐渐形成绿色低碳的生活理念。这种环保意识的培养将伴随学生的一生，对他们的未来生活和社会发展产生积极的影响。

三是跨学科融合。绿色低碳与劳动教育的融合可以基于跨学科的视角，结合科学、技术、工程和数学等学科的知识，让学生在实践中学习和应用环保科技，解决环境问题。这种跨学科融合有助于培养学生的综合素质和创新能力。同时，有助于促进学生在专业知识学习、实践技能提升和绿色生活理念培养方面的全面发展，助推相关专业的创新发展和人才培养模式的改革。如结合物联网、大数据、人工智能等，在劳动教育过程中实现绿色低碳的技术创新。例如，通过智能农业设备监测植物生长环境，利用智能建筑系统实现节能减排等。这些技术的应用不仅可以提高劳动效率，也能促进绿色低碳的实践。

四是多元主体的协同参与。学校可以与社区、企业、村镇等密切合作，通过低碳环保的共同价值使命，对接优质教育教学和实践活动资源，一同研发项目、编写教材、设计活动，让学生在真实的社会环境中学习和成长。多元主体的协同参与有助于提高学生的劳动感性认知和社会责任感，降低学校的教育教学成本，推动社会的绿色发展。

1.3.4　绿色低碳与劳动教育融合的创新点

绿色低碳与劳动教育的融合在教育内容与方法、环境、评价以及社会参与等多个方面都有创新点。这些创新点不仅有助于培养学生的环保意识和劳动能力，也有助于推动劳动教育的改革和发展。

一是教育内容与方法的创新。传统的劳动教育主要关注培养学生的劳动技能和习惯，而绿色低碳与劳动教育的融合则将环保意识和绿色低碳生活方式纳入教育内容，使学生在参与劳动的过程中不仅锻炼劳动能力，也形成绿色低碳的生活态度。同时，通过项目式学习、问题导向学习等方式，让学生在解决实际问题中学习和掌握知识，进一步推动教育方法的创新。

二是教育场景的创新。绿色低碳与劳动教育的融合，使得劳动教育场景得以创新优化。学校可以建立生态农场、绿色实验室等，让学生在真实的场景中进行实践学习，体验绿色低碳理念，提高学生的学习兴趣和积极性。

三是教育评价的创新。绿色低碳与劳动教育融合的过程也是教育评价模式和指标体系创新的过程。除了传统的技能评价外，还应引入对学生的环保行为、绿色生活方式的养成等方面的评价。通过增值性评价方式，跟踪考查学生在学校学习生活的各个阶段绿色低碳行为和劳动意识的养成情况。

四是社会参与的创新。与政府部门合作，参与政策制定和倡导，推动绿色低碳和劳动教育在社会层面的普及和实施。与企业合作，为学生提供实习机会，将绿色低碳理念应用于实际工作场景。结合劳动教育发起社区绿色行动计划，鼓励社区居民参与到绿色低碳的实践中来。举办绿色低碳和劳动教育相关的社会创新竞赛，鼓励青少年学生和社区成员提出创新的绿色解决方案等。通过开展这类实践活动，强化青少年对绿色低碳与社会实际结合的认知和行动，提升他们对绿色低碳生活方式的深刻理解和实践创新能力。

第 2 章
生态文明建设与"双碳"目标

2.1 新时代生态文明建设概述

2.1.1 生态文明理念的背景

"生态"这个词汇源于古希腊语，它是由"家"或"我们的环境"这两个词汇演变而来的。在古希腊哲学家亚里士多德的著作中，"生态"一词常被用来描述生物在自然环境中的生存状况。随着人们对其使用范围的不断扩大，"生态"也经常被用来描绘和谐、健康、美好的抽象环境和氛围，例如公司生态、商业生态等。

文明代表着人类对于世界的改变以及对于精神的塑造，它也是人类社会向前发展的象征。人类社会的文明进程呈现出阶段性的特点，人类的文明大致经历了原始文明、农业文明、工业文明三个时期的不同发展阶段。

原始文明时期：是以原始生产力为核心的社会文明状态，是人类文明初始阶段，首要需求是生存。此时生产力极为低下，主要靠简单的采集、渔猎为生，生活从游牧逐渐开始走向定居，对劳动者智力要求不高，劳动对象主要为自然物质。原始文明是目前人类经历最长的历史阶段，为时上百万年。

农业文明时期：是以农业生产为主导的经济和社会体系。在农业文明时期，人类通过耕种、养殖等农业生产活动获取了稳定的食物来源，并逐渐形成了定居的生活方式。人们合理地利用环境，使其所必需的物种能够发展壮大并进行扩散，而非仅仅依赖于大自然给予的已有食品。一万年前农业文明就已经诞生，随后青铜器、铁器、陶器、文字、造纸、印刷术等各种科学技术相继发展。

工业文明时期：是以工业制造和生产为主的时期。工业文明的出现以工业大生产和机器的广泛应用为特征，人类进入了一个前所未有的物质生产与消费时代。工业革命的兴起和进步，极大地提升了人类的生产力和生活质量。

生态文明的核心理念是人类与自然、人与人之间、人类与社会的和谐共存，健康的循环，全方位的进步以及持久的繁荣。它是人类文明进步的一个新阶段，是工业文明之后的文明模式。以人类与自然的协调发展作为价值取向的生态文明，是对传统的工业文明进行了深入的理性审视，摒弃并超越了工业文明，这是一种全新的社会文明模式。

在古代社会中，人类和自然的关系较为和谐。尽管收获和捕猎的初级生产模式以及农田的耕作行为都需要依靠土地、水资源、阳光和温度等自然环境，但受到生产能力的约束，过分的开发和其他环境问题并没有那么突出。人类步入工业时代之后，伴随着科技的快速进步，尤其是人们的非理性资源应用，导致生态环境逐步恶化，大自然的生态均衡受到了巨大的冲击。这一切都对地球生态系统的发展轨迹和走向产生了深远的影响，并给人类的生存和生活带来了巨大的生态安全风险和挑战。在工业化时期，生态问题的严重性让我们逐渐意识到，仅仅依赖于污染环境和破坏生态来获得短暂的经济增长是无法持续的。面临此状况，人们对生态的观念日益深化和加强，即人类应该与大自然和谐共存，同时，人们也开始接受并实践对生态环境的保护理念以及可持续发展的生态文明观点。

生态破坏主要表现在以下方面。

（1）水土流失：过度开发和不合理的土地利用导致土壤侵蚀和水土流失，这会对农业生产和生态环境造成严重影响。

（2）生物多样性减少：人类活动破坏了大量的野生动植物栖息地和生态系统，导致生物物种数量减少，基因多样性丧失。

（3）森林砍伐和草原退化：大规模的森林砍伐和草原过度放牧导致生态系统退化，气候变化和环境污染加剧。

（4）海洋污染和过度捕捞：海洋污染以及过度捕捞对海洋生态系统和渔业资源造成巨大压力，导致海洋生物数量减少，生态平衡受损。

（5）城市化、工业化和农业过度开发：这些人类活动导致土地、水资源和能源过度消耗，污染物的排放增加，生态平衡被破坏。

（6）气候变化：全球气温的持续升高引起了各种极端的天气现象，如海平面的上升、冰川的消退等，这些都给我们的自然环境带来了负面影响。

2.1.2 生态文明理念的形成过程

为了解决人类面临的生态环境问题，推动形成绿色、低碳、循环的发展模式，人们对实现经济、社会和环境协调发展的认识逐步加深。环境保护、可持续发展和生态文明建设便是在不断深化认识中形成的主要发展理念和实践路径。

1. 逐步重视阶段——环境保护

随着工业化与都市化的快速发展，环境污染与生态损害的状况愈发突出，成为全世界的焦点问题。20 世纪 60 年代后，环境保护逐步引起世界范围的广泛关注。1972 年，联合国在斯德哥尔摩召开了人类环境会议，会议通过了《人类环境宣言》，提出了"为了这一代和将来世世代代保护和改善环境"的口号，标志着环境保护正式成为全球性的议题。

在我国，环境保护也越来越受到人们的重视。1973 年，第一次全国环境保护会议召开，提出了"全面规划、合理布局、综合利用、化害为利、依靠群众、大家动手、保护环境、造福人民"的环境保护方针。此后，我国陆续制定和出台了一系列环境保护的法律、法规和政策，逐步加强对环境污染和生态破坏的治理。

2. 深化认识阶段——可持续发展

环境保护是可持续发展的前提和基础，可持续发展是环境保护的延伸和深化。1987 年，世界环境与发展委员会在《我们共同的未来》报告中首次阐释了可持续发展的概念，指出"可持续发展是既满足当代人的需要，又不对后代人满足其需要的能力构成危害的发展"。2015 年，联合国通过《2030 年可持续发展议程》，提出未来 15 年的 17 个可持续发展目标，兼顾经济、社会和环境可持续发展的三个方面。

2016 年 3 月，中华人民共和国第十二届全国人民代表大会第四次会议审议通过"十三五"规划纲要，提出要"积极落实 2030 年可持续发展议程"，实现了可持续发展理念与我国国家中长期发展规划的高度结合。2023 年发布的《中国落实2030 年可持续发展议程进展报告（2023）》发布，对实现可持续发展目标的方法、进展和经验进行了概括，并根据当前的情况设定了下一步的工作计划，以及到 2030 年期望达成的阶段性目标。

3. 理念成熟阶段——生态文明建设

我国的生态文明建设走出了一条具有中国特色的可持续发展道路。以可持续发展理论作为根基，将生态文明的建设推向绿色发展的新高度，这是环境保护与可持续发展理念的全面展示和更高层次的发展。党的十七大报告首次提出了建设生态文明的要求，指出："建设生态文明，基本形成节约能源资源和保护生态环境的产业结构、增长方式、消费模式。循环经济形成较大规模，可再生能源比重显著上升。主要污染物排放得到有效控制，生态环境质量明显改善。生态文明观念在全社会牢固树立。"

党的十八大把生态文明建设纳入中国特色社会主义事业"五位一体"总体布局，明确提出大力推进生态文明建设，努力建设美丽中国，实现中华民族永续发展。党的十九大报告进一步明确了生态文明建设在实现"两个一百年"奋斗目标中的重要地位，对"两个一百年"生态文明建设的阶段性目标进行了部署：到 2020 年，坚决打好污染防治攻坚战；到 2035 年，生态环境根本好转，美丽中国目标基本实现；到 21 世纪中叶，中国将建成富强民主文明和谐美丽的社会主义现代化强国。党的二十大报告将"人与自然和谐共生的现代化"上升到"中国式现代化"的内涵之一，提出"推动绿色发展，促进人与自然和谐共生"。

2.1.3　生态文明的科学认知

对生态文明的科学认知涉及对生态文明作为新文明形态的理解、对环境保护和可持续发展的重视、对资本主义反生态发展模式的批判与超越以及在实践中不断探索和创新等方面。科学认知生态文明有助于我们更好地理解和应对生态文明建设所面临的挑战和问题，推动人类社会向更加绿色、可持续的方向发展。

从人类社会发展形态的角度来看，生态文明是工业文明发展到一定阶段而产生的，是区别于包括工业文明在内的之前一切文明的一种全新文明形态。它强调人与自然的和谐共生，以及经济社会与自然生态之间的总体改善、协同进步和循环发展。可以说，生态文明是一种超越了工业化的全新的文明模式，它代表了人类和自然之间的历史归纳和现实提高。

从环境保护和可持续发展的角度来看，对生态文明的科学认知强调对自然生态环境的有效保护和资源的合理利用。这涉及在生产、生活、思维等各个方面都遵循生态规律，推动形成绿色、低碳、循环的生产生活方式。这种认知旨在实现经济、社会和环境的可持续发展，确保人类活动不对生态环境造成不可逆的损害。

从制度维度来看，对生态文明的科学认知还应指向将马克思主义社会发展理论和中华优秀传统文化中人与自然和谐关系的观点与可持续发展道路理念结合起来，以推动社会主义生态文明建设。这个观念凸显出中国共产党在生态文明建设中的理论认知和政治追求。

从实践层面来看，对生态文明的科学认知需要我们在实践中不断探索和创新。包括加强科学研究和技术创新，推动绿色技术和清洁能源的发展，加强环境教育和宣传，提高公众环保意识，加强法律法规的制定和执行，规范人类行为，保护生态环境等。这些实践措施有助于推动生态文明建设向更深层次、更广领域发展。

2.1.4　生态文明建设的主要内容

构建生态文明不只是关注环境的维护和持续发展，更重视人与自然的和谐共生，致力于实现经济、社会和生态的全方位进步。构建生态文明需要我们在日常生活、工作等各个领域都坚守生态法则，促进形成绿色、低碳、可循环的工作和生活模式，以达到人类与自然的协调共存。构建生态文明是一项系统性任务，需要全社会的集体参与和付出，其核心任务包含：

1. 生态文明认知

生态文明的核心思想，由生态科学、可持续发展理念及环保技术三个方面构成，其重点是：建立起人类与大自然的共享、融洽的自然关系。构筑社会、经济和自然环境和谐共生的可持续性发展理念。

2. 生态文明行为

生态文明不能仅仅停留在思想观念的层面，更应该体现在具体的行动和实践中。在推动生态文明发展的过程中，需要运用行为科学的原则来引领我们的行动，平衡人类和自然环境以及个体之间的冲突，从而推动生态文明的发展。

3. 生态文明制度

生态文明制度是生态文明建设的重要保障，它通过制定和实施一系列制度规范和政策措施，引导和规范人类行为，促进资源节约和环境保护，推动绿色产业的发展，提高公众环保意识，为实现人与自然的和谐共生提供有力保障。生态环境保护和建设的水平是生态制度文明的外在表现，也是衡量生态文明制度建设水平的重要参考。

4. 生态文明产业

生态产业是构筑生态文明的实体基础，主要涉及生态产业的发展，其中包含通过科技革新与产业进步，促进构筑出绿色、低碳的产业制造模式，减少对资源的浪费和对环境的破坏，以及增强资源的使用效益；推动生态农业、生态工业、生态服务业等环保行业的发展，打造生态型的产业结构；推动产业结构的优化升级，促进传统产业的绿色化改造和新兴生态产业的发展。

2.1.5 生态文明建设的重要性和紧迫性

人类社会的进步必然会走向生态文明，这是实现可持续发展的关键路径，同时也是提升人民生活品质、推动经济结构优化和产业升级的主要驱动力。同时，中国的人口数量庞大，环境承载力受到限制。因此，在推进生态文明建设的过程中，必须应对资源的日益紧张、环境的严重污染以及生态系统的逐渐衰退等挑战。这些挑战进一步凸显出了推动生态文明发展的必要性。

生态文明建设能够减轻资源环境的压力，是解决我国经济社会发展所遭遇的资源环境限制问题的迫切要求。伴随中国经济和社会的飞速进步，自然和环境受到的压力逐渐增大，人口、自然和环境之间的冲突越来越明显。由于传统的增长模式无法维持，我们需要改革增长模式，提升环保意识，从而实现经济和社会的长期稳定增长。

生态文明建设是满足人民群众新需求的迫切任务。伴随着公众生活品质的提高，他们对自然环境的期待也在不断提升。人民群众对优美生态环境的期待已经成为当前社会的重要诉求。提升生态文明的发展水平，满足公众对于宜居环境的向往，这是改革与发展的重要任务。

生态文明建设是应对全球生态环境挑战的迫切需要。全球性的生态环境问题日益突出，如气候变化、生物多样性丧失、土地退化等。这些问题已经对人类的生存和发展造成了严重威胁。作为世界上最大的发展中国家，我国在全球生态环境保护中扮演着重要角色。加强生态文明建设不仅是对国内环境问题的应对，也是对全球生态环境挑战的贡献。

2.2　习近平生态文明思想内涵

2.2.1　习近平生态文明思想的理论来源

习近平生态文明思想是马克思主义生态观的丰富与创新，其产生与发展是在充分吸收、借鉴古今中外生态文明思想的基础上实现的。在运用和深化马克思主义生态观的基础上，对中国古代生态智慧进行了吸收和升华，并实现了对西方生态环境治理、可持续发展等思想的批判与超越。

一是运用和深化马克思主义自然观、生态观。在马克思所处的时代，科技的进步和社会生产力的飞速增长是一个显著的特征。工业生产力以及人类对自然资源的开发利用能力持续提升，工业革命的步伐也在加快，但同时，环境也在持续遭受着严重的破坏。在 19 世纪资本主义工业化引发的环境污染和生态破坏问题面前，马克思和恩格斯深入剖析了资本主义掠夺性开发对自然生态的破坏，并阐述了他们独特的生态文明理念，包括人与自然和谐共生的观念、废物资源化的思想以及对资本主义制度的反生态批判等一系列观点。习近平生态文明思想运用和深化了马克思主义关于人与自然、生产和生态的辩证统一关系的认识，对马克思主义自然观、生态观进行了继承和创新。

二是吸收和升华中国古代生态智慧。中国拥有五千年的深厚历史和文明，其中包含丰富且独特的生态智慧，例如古代中国主张人类与大自然协调共存、资源可持续使用、尊崇大自然法则的农业文明，以及创立的保护环境的法律制度等。中国古代哲学认为人与自然是相互依存、相互制约的关系。这一"天人合一"的理念展示出我们对大自然的尊崇和敬仰，即要遵循大自然的法则，与大自然保持平衡。《齐民要术·种谷第三》中写到要"顺天时，量地利"，即顺应自然规律，合理利用土地资源。另外，"竭泽而渔""取之有度"等典故也体现着古人对生态环境可持续发展的朴素认识。习近平生态文明思想根植于中华优秀传统生态文化，深刻阐述了人与自然和谐共生的内在规律和本质要求，推动中华优秀传统生态文化创造性转化和创新性发展。

三是批判和超越西方生态环境治理、可持续发展思想。西方发达国家比中国更早开始工业化进程，并在发展的过程中感受到了生态危机的威胁，开始研究环境污染和资源枯竭等生态问题。在理论上，西方学者提出了关于可持续发展的生态、经济、社会和技术的观点。在实践中，美国、德国、日本等发达国家已经对自身的经济发展策略进行了规划，提倡大力推进循环经济，执行可持续发展策略，并设定了可持续发展的标准和评估体系。习近平生态文明思想是对以西方为中心、物质主义膨胀、先污染后治理的现代化发展道路的批判和超越，深刻阐明人与自然是生命共同体，倡导构建人类命运共同体，超越了现代西方环境理论，为推动实现全球可持续发展贡献了中国智慧和中国方案。

2.2.2　习近平生态文明思想的内涵

以习近平同志为核心的党中央从中华民族永续发展的高度出发，深刻把握生态文明建设重要地位和战略意义，大力推动生态文明理论创新、实践创新、制度创新，创造性提出一系列新理念新思想新战略。2018 年 5 月 18 日，全国生态环境保护大会正式提出习近平生态文明思想。可以从核心理念、基本立场、实现途径、支撑保障和目标追求五个方面理解认识习近平生态文明思想的基本内涵。

1. 核心理念——人与自然和谐共生

基于处理人与自然关系而形成的"人与自然和谐共生"的基本主张是习近平生态文明思想的基本原则，是从人与自然全局要义上提出的总的要求，统领和决定生态文明观的各个方面。"绿水青山就是金山银山"这一观点实际上是将人类与大自然协调共存的思想具体化并且直观地表达出来，它从生态文明的角度阐述了经济增长与环境保护的联系。对于经济的进步，我们不应该以牺牲生态环境为代价，因为生态环境本质上就是经济，维护生态也是提升生产力的关键。"绿色低碳发展"是对人与自然和谐共生观念的实践和行动，坚守绿色发展是对生产模式、生活模式、思维模式和价值观念的全面性、革新性的改变，是对自然法则和经济社会持续发展普遍规律的深入理解。

2. 基本立场——人民立场和人类利益

习近平生态文明思想的根本立场体现了"人民至上"的价值追求。生态文明思想着眼"人民日益增长的美好生活需要和不平衡不充分的发展之间的矛盾"这一社会主要矛盾，反映了人们从"盼温饱"到"盼环保"，从"求生存"到"求生态"的生活追求。同时，立足全人类生存维度，强调每个人都应该拥有基本的生活权利和优质的生存环境。从全球人类的共同命运的角度提出了中国策略，推动建立"地球生命共同体"和"人与自然生命共同体"，并将创造一个生态文明的美好世界作为全人类的共同目标。

3. 实现途径——发展驱动和人民推动

发展尤其是符合生态要求的高质量发展既是生态文明建设的目的，也是生态文明建设的驱动力量。发展具有根本性作用，只有通过高质量的发展，才能不断提升保护和改善生态环境的质量。生态文明建设从本质上说属于人类的一种生产方式，这种生产方式从自然发展层面上看，更加强调自然自身的发展，更加注重保护自然和改善自然面貌。从人的发展层面上看，强调的是人的需求和自然的保护改善同步进行，强调的是人的发展目标和生态文明建设目标同步实现。以生态文明的理念为基础，构建生态文明需要广大公众的参与，并着重于提升公众的认知和主动性。"要把建设美丽中国转化为全体人民自觉行动"即是要在全社会中倡导形成生态文明风尚，并将其融入每个人的自觉行为中。

4. 支撑保障——制度和法治

在实践层面上，针对生态文明建设参与主体和运行要素的复杂多样性，习近平生态文明思想要求有科学严格的制度和法治作为生态文明建设的现实支撑。"只有实行最严格的制度、最严密的法治，才能为生态文明建设提供可靠保障。"生态文明建设需要科学有效的制度作为根本遵循，同样需要严格有力的法治作为保障。从制度保障层面而言，生态文明作为实践形态，需要制度自身的权威性以及制度制定的科学性来保障生态文明建设的有效运行。一方面，是围绕生态文明立法的科学化基础上的严格化；另一方面，是生态文明制度建设要不断突破旧思想和旧观念的束缚，提升与生态文明建设的契合度。

5. 目标追求——美丽中国

习近平生态文明思想有着鲜明突出的目标指向性，要求从目标意义上回答生态文明建设到底要达到什么水平，实现什么状态。人类文明的兴衰演变受到生态环境的深刻影响，"生态兴则文明兴"，这是以生态环境为基础，必须长期坚定不移地遵循的发展原则。"美丽中国"就是在国家层面上对生态文明状态的一种目标描述，是对美好生活的向往和追求在生态层面上的诠释和描绘，是生态文明建设的理想愿景。美丽中国在肯定经济社会发展成就的基础上，强调生态文明发展水平和发展高度。美丽中国从生态切入，在生态文明基础上强调物质文明与精神文明的同步建设，既是对传统发展模式的现实超越，更是对人民群众渴盼和追求的新表达，其实质是社会发展总体布局的全方位进步，同时又是在理论层面上的新飞跃。

2.2.3 新时代生态文明的未来展望

新时代生态文明的未来展望是充满挑战与机遇的。全球环境问题日益严峻，生态文明建设已经成为全球关注的重点。身为全球最大的发展中国家，中国肩负起国际使命，体现出大国的风采和责任担当，成为全球生态文明建设的关键推动力和贡献者，这使得中国在全球的环境治理和生态保护中有着关键的作用力和影响力。

未来生态文明建设的核心在于实现人与自然的和谐共生。这意味着我们要在尊重自然、顺应自然、保护自然中践行并形成绿色、低碳、循环的生产生活方式。在经济增长的过程中，我们需要更加重视资源的节约和环境的保护，推动产业结构的改进和升级，发展生态产业，以促进经济社会的持续发展。

未来生态文明建设需要更加注重科技创新和制度创新。科技创新是推动生态文明建设的重要手段，通过技术创新和产业升级可以提高资源利用效率，减少环境污染，推动形成绿色发展的生产方式。此外，对于推动生态文明建设的长远发展，制度的革新起着关键作用。我们必须优化生态文明的规章制度，加大对环境的监督与执法力度，让所有的规章制度都能够有效地实施。

未来生态文明建设还需要加强国际合作与交流。为了解决全球的环保难题，全人类必须团结一致，并采取行动。中国有必要主动投身于世界的环保事业，增进与世界各国的协作和互动，一起促进世界的生态文化发展。

未来生态文明建设的成功还需要全社会的共同参与和努力。各级政府、企业和公众都应该积极投身于生态文明的建设中，共同营造全社会共同参与的良好环境。我们需要通过强化环保教育和推广来增强公众的环保认知，构建全社会共同参与生态文明建设的强大力量。

2.3 "双碳"目标概述

2.3.1 "双碳"目标提出的背景

为推动全球应对气候变化、保护地球生态环境，世界各国不断尝试共同努力和合作，先后通过协商和约定形成一系列重要的法律基础和国际合作框架，被称为全球气候治理的四大里程碑，在"双碳"目标形成的历程中具有重要意义。

《联合国气候变化框架公约》：该公约是 1992 年在联合国环境与发展大会上通过的，是世界上第一个为全面控制二氧化碳等温室气体排放，以应对全球气候变暖给人类经济和社会带来不利影响的国际公约。

《京都议定书》：这是《联合国气候变化框架公约》的补充条款，于 1997 年在日本京都召开的《联合国气候变化框架公约》第三次缔约方大会上获得通过。它规定到 2010 年，所有发达国家二氧化碳等 6 种温室气体的排放量要比 1990 年减少 5.2%。

《巴黎协定》：这是继《京都议定书》后全球气候治理的又一重要成果。该协定于 2015 年在巴黎气候变化大会上获得通过，并于 2016 年正式生效。它提出了将全球平均气温升幅控制在工业化前水平以上 2℃之内的目标，并鼓励各国努力将气温升幅限制在 1.5℃之内。

《格拉斯哥气候公约》：这是 2021 年在英国格拉斯哥举行的第 26 届联合国气候变化大会（COP26）上通过的一项重要成果。该公约强调了全球各国在应对气候变化问题上的共同责任和合作的重要性，并提出了一系列加强全球气候治理的具体措施和目标。

2020 年 9 月 22 日，国家主席习近平在第 75 届联合国大会一般性辩论上宣布中国"将提高国家自主贡献力度，采取更加有力的政策和措施，二氧化碳排放力争于 2030 年前达到峰值，努力争取 2060 年前实现碳中和"。碳达峰与碳中和目标的提出，是中国在推进绿色低碳进程、达成可持续发展目标上的关键行动，是全球气候变化的严峻背景下作为一个负责任的大国的责任担当，也是中国政府在全球气候管理中的主动贡献。具体来说，这两个概念的内涵如下：

碳达峰：随着全球气候变化日益严重，减少温室气体排放已成为国际社会的共识。中国承诺力争在 2030 年前实现碳排放达峰，即二氧化碳的排放不再增长，达到峰值之后逐步降低。这是中国积极应对气候变化、推动绿色低碳发展的重要举措。

碳中和：是指企业、团体或个人测算在一定时间内直接或间接产生的温室气体排放总量，通过植树造林、节能减排等形式抵消自身产生的二氧化碳排放，实现二氧化碳的"零排放"。中国提出努力争取在 2060 年前实现碳中和，意味着中国将通过各种手段，如发展清洁能源、推动产业结构调整、提高能源利用效率等，努力减少温室气体排放，同时增加碳汇，以实现碳中和的目标。

2.3.2 "双碳"目标的相关概念

碳达峰是指全球、国家、城市、企业等不同主体的二氧化碳排放由上升转为稳定下降，其最高点成为碳排放峰值，即碳达峰。

碳中和是指一定时期内特定主体（国家、组织、地区、商品或活动等）的人为二氧化碳排放与人为二氧化碳移除之间达到平衡。

碳达峰与碳中和一起简称"双碳"。

"碳"的范围认识。当前，"双碳"工作主要聚焦二氧化碳，实际上，《京都议定书》规定了六种主要的温室气体，分别是二氧化碳、甲烷、氧化亚氮、六氟化硫、氢氟碳化物和全氟化碳。2012 年，《京都议定书》的多哈修正案又将三氟化氮纳入管控范围。除二氧化碳以外，甲烷是全球排放的仅次于二氧化碳的第二大温室气体。控排、减排非二氧化碳温室气体也是"双碳"工作的重要组成部分。

碳中和与碳汇的关系。碳汇就是利用天然或者人工的方式，将空气中的二氧化碳吸取和保留，以此来降低全球的温室气体含量。主要的碳汇来源有森林、草原、农田、土壤和海洋等。采取种植森林、修复植物群落、优化土壤治理、维持湿地及海洋生态平衡等措施有助于提升碳汇的效率。碳汇主要是通过自然或人为手段增加大气中二氧化碳的吸收和储存能力，而碳中和则是通过减少温室气体排放和增加碳汇，实现二氧化碳的"零排放"。两者相互补充，共同构成应对气候变化的全面战略。

碳减排和碳移除的区分。所谓碳移除，是指从大气中移除二氧化碳并长期储存在地质、陆地或海洋库里或产品中，包括通过人为活动增强生物或地球化学碳汇以及通过直接空气碳捕获和封存技术移除大气中的二氧化碳。用可再生能源取代传统的化石能源是一种减少碳排放的方法而非碳排放的移除。通过电力系统的构建，以及风能、太阳能的开发和智能电网的应用，逐步取代传统的化石能源，可以实现碳排放的大幅度降低。通过提升森林碳汇和运用人工技术手段能够吸收剩余的少量排放，达到人为碳排放与人为碳移除之间的均衡，从而实现碳的移除。

2.3.3　实现"双碳"目标的意义

实现碳达峰、碳中和对于应对气候变化、促进绿色低碳发展、推动经济高质量发展、提升国际竞争力以及保障人类健康和生存都具有重要意义。

1. 对国家而言

一是推动绿色发展。实现"双碳"目标能够促进经济结构的绿色发展转型，加速形成生态生产模式，从而推动经济社会高质量发展。这将极大地提升能源的使用效益，并推动非化石能源的迅速崛起，逐渐减少对化石能源的依赖，以确保我国的能源安全与供给的持续稳定。此外，达到"双碳"目标对构建环保且简洁的生活模式大有裨益，可以减少对物资的不合理使用与挥霍，达到节省能源、减少污染、降低温度的效果，进一步提升环境的品质。

二是促进技术创新。为了实现"双碳"目标，需要大力发展清洁能源、提高能源效率、推广低碳交通、发展绿色建筑等。这些领域都需要进行技术创新，开发出更加高效、环保的技术和产品。"双碳"目标将促进产业结构的优化升级。为了达成双重减碳的目标，我们必须逐渐剔除那些有着严重污染和大量排放的行业，转向发展更加环保、节能和可再生的行业。这有助于社会企业实施科技革新，研制出更为节能、高效的制造方法与商品，从而推动工业布局的改良提升。

三是改善环境质量。"双碳"目标的核心是减少温室气体的排放，特别是二氧化碳。通过减少碳排放，可以有效减缓全球气候变暖的进程，降低极端天气事件的发生频率，从而改善全球环境质量。还可以推动能源结构转型，促进发展清洁能源，如风能、太阳能、生物质能等可再生能源，减少对化石燃料的依赖，降低能源消耗过程中的污染物排放，从而改善空气质量。

四是提升国际竞争力。实现碳达峰、碳中和有助于提升国家在国际舞台上的形象和声誉，展示中国在应对气候变化、推动绿色低碳发展方面的积极贡献。同时，这也将促进国内绿色产业的发展和创新，提高国际竞争力。

2. 对个人而言

一是提高生活质量。"双碳"目标的实现将改善环境质量，减少空气和水源污染，提高生活质量。人们将能够享受到更加清新、健康的空气和水源。减少碳排放和环境污染将有助于降低呼吸道疾病和其他健康问题的发生率，这将使人们更加健康、长寿。

二是节约能源和资源。绿色低碳鼓励节约能源和资源，减少浪费，这将有助于降低个人和家庭的能源消费成本，同时促进资源的可持续利用。参与绿色低碳生活将培养个人的环保意识，使人们更加关注环境问题，并采取实际行动保护环境，这将有助于形成全社会的环保氛围。

三是推动社会进步。实现"双碳"目标需要全社会的共同努力。通过参与绿色低碳生活，个人将为社会进步和可持续发展作出贡献，推动社会向更加绿色、低碳的方向发展；公众的环保意识和责任感得到增强，形成全社会的绿色文化，有助于促进社会和谐，增强社会凝聚力，为建设美丽中国创造良好的社会环境。

2.3.4 实现"双碳"目标的行动

我国要实现碳达峰、碳中和的目标，必须结合当前及未来一段时期发展的实际，制定科学的行动方案，以绿色低碳循环发展实现碳达峰、碳中和的目标。加快建立健全绿色低碳循环发展经济体系，探索实现"双碳"目标的方法和路径，需要政府、社会和公众各方面的共同努力。

从国家政策层面，为了实现"双碳"目标，政府具体行动可以包括以下几个方面：

（1）制定"双碳"政策与立法。政府应制定明确的"双碳"政策和相关法律法规，明确目标、时间表和具体措施，为全社会的碳中和行动提供指导和保障。

（2）制订国家碳中和规划。结合国家发展实际制订碳中和的长期规划，明确不同阶段的重点任务和行动计划，确保碳中和目标的实现具有可操作性和可持续性。

（3）推进能源布局的优化。积极推动可再生能源的发展，逐渐降低对化石燃料的依赖。加大对太阳能、风能、水能等可再生能源的开发利用力度，推动能源绿色低碳转型。

（4）推动产业绿色转型。鼓励绿色低碳产业的发展，通过技术创新和产业升级降低产业部门的碳排放强度。同时，加强对传统产业的绿色化改造，推动工业流程再造技术的突破。

（5）发展低碳交通。推广电动汽车、公共交通等低碳交通方式，优化交通结构，提高公共交通的覆盖率和便利性。同时，推动交通基础设施的绿色化建设，如建设绿色公路、铁路等。

（6）推动绿色建筑和节能改造。积极发展绿色建筑，推广节能建筑材料和技术，提高建筑的能源利用效率。同时，加强对现有建筑的节能改造，降低建筑领域的碳排放。

（7）加强森林碳汇建设。保护和恢复森林，改善土地利用和管理，增加森林碳汇能力。同时，推动林业产业的绿色发展，提高森林的生态效益和经济效益。

（8）建立碳交易市场和碳税政策。建立全国统一的碳交易市场，推动碳排放权的有偿使用和交易。同时，研究制定碳税政策，通过市场机制推动碳排放的减少。

（9）加强国际合作与交流，积极参与全球气候治理。加强与国际社会的合作与交流，共同推动全球碳中和目标的实现。学习借鉴国际先进经验和技术，推动国内碳中和行动的深入开展。

在社会和个人层面，为了实现"双碳"目标，具体行动可以包括以下几个方面：

（1）提高环保意识。了解"双碳"目标的重要性和紧迫性，增强环保意识，认识到自己的行为对环境的影响，从而更加积极地参与到环保行动中来。积极学习环保知识，了解"双碳"目标的背景、意义及实现路径，提高自己的环保素养，从而更好地参与到环保行动中来。

（2）改变生活方式。在日常生活中关注节能减排，如使用节能家电、合理调节室温、减少用水等，降低家庭碳排放。积极参与垃圾分类，减少垃圾产生。降低对于一次性物品的消费，以此从根本上降低废弃物的产出。

（3）支持绿色消费。积极了解绿色产品的相关信息，如环保标识、认证标准等。在购买商品时，优先选择具有环保认证、低碳排放的产品，如节能电器、环保家具等。同时，尽量减少购买一次性用品，从源头上减少垃圾产生。

（4）参与公益活动，传播环保理念。积极参与环保组织、社区等举办的相关公益活动，如植树造林、环保宣传等，为"双碳"目标贡献一份力量。向身边的人传播环保理念，鼓励更多的人参与到碳中和行动中来，共同营造绿色、低碳的生活环境。

2.4 与绿色低碳理念的紧密联系

通过对生态文明建设、"双碳"目标的认识和理解，可以发现绿色低碳与生态文明建设、实现"双碳"目标密切相关，它们相互促进，共同推动人类社会的可持续发展。

一方面，生态文明建设是指在保护生态环境的基础上，推动经济、社会和环境的协调发展，实现人与自然的和谐共生。绿色低碳是一种符合生态文明建设要求的发展方式，它通过降低碳排放、节约资源、减少废弃物等方式，促进经济、社会和环境的协调发展。因此，绿色低碳理念是进行生态文明建设、实现"双碳"目标的重要组成部分。

另一方面，绿色低碳是实现"双碳"目标的重要途径和重要手段，是推动生态文明建设的重要力量。通过减少碳排放、提高能源效率、促进绿色消费、培养环保意识、推动政策制定和实施等多种途径和手段，为实现碳达峰和碳中和目标提供了重要支持，有助于我们更有效地维护生态环境，并实现经济、社会以及环境的平衡发展。

具体而言，绿色低碳理念与生态文明建设、实现"双碳"目标之间存在密切的关系，可以从以下几个方面进行理解。

1.绿色低碳与生态文明建设、实现"双碳"目标三者目标一致

生态文明建设、实现"双碳"的目标是推动经济社会的可持续发展，实现人与自然的和谐共生。而绿色低碳旨在通过减少碳排放、节约能源、保护环境等方式，实现人类生活方式的绿色化和低碳化。三者在推动人类社会向更加可持续、环境友好的方向发展方面具有高度目标一致性。

（1）理念一脉相通。绿色低碳的核心理念是减少碳排放、节约能源、保护环境，这与生态文明建设和实现"双碳"目标的宗旨不谋而合。它们共同致力于减少对自然资源的过度消耗，降低温室气体排放，实现人类活动与自然环境的和谐共生。

（2）目标推进同向。绿色低碳发展、生态文明建设和实现"双碳"目标需要政府、企业、社会组织和公众的共同参与和努力。政府需要制定和实施相关政策法规，企业需要推广绿色技术和产品，社会组织需要开展环保宣传和教育，公众则需要改变生活方式，共同推动这些目标的实现。

（3）长期效益一致。绿色低碳发展不仅有助于减少当前的碳排放，还能为未来的可持续发展奠定基础。生态文明建设是一个长期的过程，需要持续的努力和投入。实现"双碳"目标则需要全社会的共同努力和长期坚持。因此，绿色低碳发展与生态文明建设和实现"双碳"目标在时间上具有一致性，都需要长期的坚持和努力。

2. 绿色低碳与生态文明建设、实现"双碳"目标三者相互支撑

绿色低碳生活与生态文明建设和实现"双碳"目标之间的相互支撑是多方面的，包括政策支撑、技术支撑和行为支撑等。这种支撑关系使得绿色低碳生活在生态文明建设和实现"双碳"目标中发挥着重要作用，同时也为生态文明建设和实现"双碳"目标提供了强有力的支撑和保障。

（1）政策支撑。绿色低碳生活、生态文明建设和实现"双碳"目标都需要政府制定和实施相关政策法规，以引导和规范各方的行为。政府通过制定节能减排政策、推广绿色技术和产品、加强环保宣传教育等手段，为绿色低碳生活提供政策支撑，同时也为生态文明建设和实现"双碳"目标提供政策保障。

（2）技术支撑。绿色低碳生活需要依托绿色技术和清洁能源的发展。随着科学技术的持续发展，各种环保技术以及清洁能源的研究与使用日益增加，例如太阳能、风力、地热等。这些技术和清洁能源的应用为绿色低碳生活提供了强有力的技术支撑，同时也为生态文明建设和实现"双碳"目标提供了更多的选择和可能性。

（3）行为支撑。绿色低碳生活的实践需要公众积极参与，从日常生活入手，采取一系列节能减排、环保低碳的行为。这些行为不仅有助于个人减少碳排放，还能推动社会对可持续生活方式的认同和采纳。这些行为的变化是生态文明建设的重要组成部分，也是实现"双碳"目标的关键行动。

3. 绿色低碳与生态文明建设、实现"双碳"目标三者相互促进

绿色低碳与生态文明建设和实现"双碳"目标在实践层面上具有互促关系。通过实践绿色低碳可以推动生态文明建设和实现"双碳"目标的进程，也可以促进绿

色产业的发展、政策和技术的创新，以及社会的积极参与。

（1）个人行动互促。绿色低碳的理念强调减少碳排放、节约能源、保护环境，这与生态文明建设和实现"双碳"目标所倡导的理念高度契合。这种理念鼓励人们从日常生活中做起，通过改变消费习惯、生活方式和出行方式等减少对环境的影响。这种理念的普及和实践为生态文明建设和实现"双碳"目标提供了强有力的支撑。当个人开始实践绿色低碳时，他们减少的碳排放量有助于实现碳达峰和碳中和的目标。同时，绿色低碳的实践可以产生示范效应，推动更多人参与到生态文明建设和实现"双碳"目标的行动中来。当一些人开始实践绿色低碳并取得积极成果时，他们的行为会激励和影响身边的人，进而形成社会范围内的积极效应。

（2）政策实践互促。政府在推动绿色低碳发展、生态文明建设和实现"双碳"目标方面扮演着重要角色。政策的制定和实施需要与实际情况相结合，而绿色低碳的实践可以为政策制定提供实际反馈和建议，促进政策的完善和优化。

（3）产业发展互促。绿色低碳的实践会推动对绿色产品和服务的需求增加，进而促进绿色产业的发展，促进可再生能源、绿色建筑等低碳技术的普及和应用，为碳中和提供更多的选择和手段。随着绿色产业的壮大，更多的就业机会和创新机会将被创造出来，进一步推动生态文明建设和实现"双碳"目标的进程。

（4）技术创新互促。绿色低碳的实践会推动绿色技术和创新的发展。随着人们对绿色低碳生活方式的追求，对高效节能、环保低碳的技术和产品的需求将不断增加。这将促使企业和研究机构加大研发力度，推动绿色技术和创新的进步。

第 3 章
绿色低碳校园建设

3.1 绿色低碳校园的定义与特点

随着环保理念的深入发展，绿色低碳校园建设越来越受到人们的重视，这不仅因为教育普及化后，学校建设和日常管理需要融合绿色低碳的理念和技术，也是学校作为育人场所加强学生生态文明教育，提升师生生态文明素养的发展必然。同时，家庭、学校、社会协同育人的理念已深入人心，绿色低碳校园建设通过校舍环境改造、绿色校园文化氛围营造、教学体系和评价模式优化等路径，对学生养成良好的绿色生活方式和行为规范起到重要的正向促进作用，通过培养学生绿色发展的责任感，影响并带动全社会一同参与生态文明建设。

伴随着绿色低碳生活方式的转变和环保科技的不断进步，绿色低碳校园的内涵也逐渐丰富。从"少纸化""无纸化"的教学工作模式到学校生活工作区域的全方位绿色规划改造，从做好身边事的环保小举措到全面加大绿色低碳管理制度建设，从节能减排设备的利用到能源实时监测技术的运用，从基础信息平台建设到以人工智能和大数据技术为主体的校园全生命周期绿色运行管理，绿色低碳校园被赋予更多的内涵。

总体而言，绿色低碳校园建设是指在校园生活中引入低碳生活理念，在实现减少碳排放、节约能源、保护生态和提倡可持续发展的目标的同时，强调绿色低碳教育与校园生活学习工作的实际行动紧密结合，并融入教育教学的全过程，以提高师生的生态文明意识和环保素养。

新时代的绿色低碳校园建设有如下特征，可归纳为"六个结合"：

（1）与学校管理体系紧密结合。新时代的绿色低碳校园建设必须深入到学校管理体系之中，成为学校整体发展规划和日常管理的重要组成部分。学校应该将其纳入长期发展规划，并与人才培养目标、教育教学改革同频共振。具体做法上，要建立健全与绿色低碳校园建设相关的管理制度，建立专门的工作机构统筹协调并一体推进实施，应明确学校各级单位、相关职能处室的职责和任务，形成全校上下共同参与的工作机制，应建立科学的建设效果评估体系，并纳入二级单位的考核指标。在管理体系优化过程中，不仅要关注基础设施建设，还要从管理源头出发，一体化推动绿色采购、节能设备使用、能源审计、能耗项目改造和奖惩机制等，从源头上减少碳排放，并倡导融合"互联网＋"理念，通过先进技术赋能推动绿色校园可持续发展。

（2）与校园基础建设紧密结合。一方面，要聚焦新校区建设过程中的技术应用，在整体规划过程中要充分考虑自然通风、采光和绿色植被的高效利用，进一步减少未来建筑运行过程中的能源消耗。要推广采用绿色建筑材料和可再生能源技术，如太阳能、风能等，从源头上减少碳排放。另一方面，要合理开展已有基础建设设施、设备的绿色改造，做好"加法"和"减法"。"加法"指在现有建设的基础上增加资源循环利用举措，如建立雨水收集装置，减少对水资源的依赖；加装循环回收装备，提高废弃物再生利用率等。"减法"是指对现有建设中不符合规定的材料、设备、空间采用合理化手段更换，以达到节能降碳的目标。针对一些老校区因客观原因较难进行大规模硬件改造的问题，可以加强智能化技术的应用。在算"经济账"的同时还要算"管理账"，避免因改造产生二次污染。

（3）与教育教学环节紧密结合。将绿色低碳理念融入教育教学全过程是开展生态文明教育，并培养学生可持续发展意识的重要途径。要在教学大纲和教材遴选层面下功夫，要在通识教育课程中增加绿色低碳相关内容，在专业课程开发中融入课程思政，确保学生在不同学科中都能接触到绿色低碳知识；要在创新教育教学方法层面下功夫，突出案例教学、项目式学习、实验教学等重要性，鼓励学生参与生态文明项目的设计和实施，增强学生对绿色低碳理念的理解和实践能力，并通过信息技术手段改良教学模式，把有意义的课程内容讲得更有意思；要在师资队伍建设层面下功夫，加强对教师绿色低碳知识和教学能力的培训和发展，鼓励教师在专业领域内主动融入绿色低碳理念和技术；要在学生学习评价与反馈层面下功夫，建立与绿色低碳校园建设相适应的评价体系，将环保素养和实践能力纳入学生综合素质评价的范畴。

（4）与校园文化建设紧密结合。校园文化活动的特点是"润物细无声"，作为课堂教学的有效补充，有利于学生更好地理解掌握绿色低碳校园建设的重要意义，并自觉践行理念、养成习惯、影响他人。校园文化建设既包括第二课堂的各类讲座、宣讲、竞赛、体验活动，也包括校园景观设计、文化标志建设等。要关注全国节能宣传周、全国城市节水宣传周、全国低碳日、世界环境日、世界地球日等重要的主题宣传节点，也要充分发挥学生组织和志愿服务项目的积极作用，让学生及时了解掌握"双碳"工作进展，在朋辈教育的过程中感受生态文明建设带来的美好生活，践行绿色低碳理念。此外，还要充分调动学生参与绿色低碳校园建设的积极性，通过民主管理渠道建言献策，或是参与环保项目的改良设计，在服务学校的过程中推动专业能力和公民责任意识的综合提升。

（5）与"双碳"创新研究紧密结合。要鼓励学生开展"双碳"科研攻关，结合学校学科特色，加快绿色低碳相关领域的基础理论研究和关键技术研究，通过设立专项科研项目、提供资金支持等方式，激发学生的科研热情和创新精神，推动"双碳"创新研究取得突破性进展。引导学生以实际问题为导向，创新推动惠及民生的科研成果产出，并通过科技成果转移转化，服务经济社会的高质量发展。这里的科研项目不仅包括重大攻关，也涵盖基于生活观察和实践体验的小制作、小发明等，从而营造良好的科技创新创业生态，锻炼学生的创新思维和解决复杂问题的综合能力。从顶层设计角度，要加大科教融汇与产教融合力度，通过搭建产学研合作平台、举办科技创新创业大赛等方式，为学生提供更多的实践机会和创新平台。

（6）与劳动教育实践紧密结合。生态劳动教育是绿色低碳校园建设的重要实践路径，也是实现劳动教育特色化发展的重要手段。校园中蕴藏着巨大的生态劳动教育资源，一方面要加大开发力度，如建设"生态果园"，打造爱绿护绿的劳动教育场景；另一方面要深化生活劳动教育场景的教育意义，如垃圾分类与资源回收的实践课程、生活园区节能减排的劳动实践等。此外，实践环节还应与绿色低碳新形势、新理念、新技术充分融合，不能只局限在体力劳动，还要加强学生智慧劳动的生态文明教育实践，如增设生态文明与智慧劳动相结合的跨学科课程，或运用虚拟现实（VR）、增强现实（AR）等数字技术模拟生态系统和环境场景，让学生在虚拟环境中体验智慧劳动对生态保护的重要性，在提高学生的数智化素养的同时，解决传统劳动实践教育形式单一、普及面有限的问题。

3.2 绿色低碳校园建设的挑战与对策

开展绿色低碳校园建设对于学校可持续发展和学生成长成才有着重要意义，但在建设过程中仍面临多方面的挑战。可概括为以下四个方面：

（1）全员参与的理念不够深入。一些学生对绿色低碳校园建设的深远意义和时代价值认知不足，认为与自己关系不大，或者认为转变生活方式会带来诸多不便，未能将绿色低碳理念真正内化为自己的行动准则，这种认知上的不足导致他们在日常生活中缺乏主动参与的积极性。参与程度不均衡也是影响建设效果的主要原因。实践中，虽然一些对环保话题有浓厚兴趣的学生会积极参与相关活动，但仍会有相当一部分学生选择保持观望或持漠不关心的态度。这种参与度的不均衡不仅削弱了绿色低碳校园建设的整体效果，还可能引发一些学生的不满和抵触情绪。此外，注重短期效应而忽视长效机制也是制约建设效果的原因。这种情况下的教育教学活动大多围绕重要时间节点展开，缺乏对学习效果的持续跟踪和评估，成为"应景之作"。一旦学生初期的热情消退，短期性的校园文化活动和朋辈教育活动就可能陷入停滞状态，绿色低碳校园建设无法持续有效推进。

（2）学生受到"邻避效应"和"破窗效应"影响。公共管理领域的"邻避效应"是指本地居民因担心一些市政建设项目（如垃圾场、核电厂等）对身体健康、居住环境质量和房地产价值等带来负面影响，引发居民嫌恶情结，甚至采取激烈的、高度情绪化的集体反对行为。绿色低碳校园建设中的"邻避效应"是指学生对于可能给自身生活或学习环境带来不利影响的环保设施或政策表示反对或担忧。具体表现为"我理解环保设施设备的好处，但不能建在宿舍旁边，因为我听说有噪声、有异味、有辐射"，"我知道绿色生活很健康，但少我一个无所谓，我不想改变"的心理，这种心理反映了对改变带来未知的担忧，也会影响绿色低碳校园建设的进程。"破窗效应"是指所处的环境会对人们心理造成暗示性或诱导性的影响，表现为：如果有人打破了一扇窗，却没有及时维修，可能引发其他路过的人打破这栋楼的更多窗户。在环保领域"破窗效应"尤为明显，如果校园环境中存在不良现象，比如有人未能遵循垃圾合理分类的原则，也没有被及时制止和纠正，久而久之则会引发更多人效仿，从而导致垃圾分类的环保理念无法有效推行。

（3）管理机制浮于表面，资源配置不合理。主要表现为：制定了一些管理制度，成立了相应的组织机构，在实际执行过程中未能建立有效的监督和落实机制，导致政策无法真正落地。在政策推行过程中，资源的有效配置是关键。然而，由于管理机制的不畅和事前评估的不足，往往会出现一些重要的绿色低碳项目因资源支持不足而难以实施的情况。相反，一些并不那么重要或者效益不明显的项目却占用了大量的资源，造成资源的浪费和错配。这种不合理的资源配置方式不仅会影响建设的整体效果，还会打击师生参与绿色低碳建设的积极性。此外，绿色低碳校园建设是一个涉及多个部门的系统性工程，需要各部门之间密切协作、共同推进。然而，由于管理机制的不健全和部门间协调机制的缺失，各部门之间往往存在信息不畅、各自为政的问题。这不仅会导致工作效率低下，还会使得各部门在推进绿色低碳校园建设时无法形成合力，从而影响整个项目的进展和效果。

（4）教育教学与实践脱节，体验性不强。主要体现为没有找到合适的实践教学路径，已开设的绿色低碳相关课程往往只停留在理论层面，缺乏与实际应用场景的深度结合，学生无法获得有效感官体验，对思维的养成和意识的提升帮助不大。一些学校设置的实践活动往往形式大于实质，或是实践教学的方式过于单一和刻板，缺乏创新性和多样性。这与数智时代教育教学的发展趋势相背离，难以有效激发学生的学习兴趣。这种与实践脱节的教学方式也削弱了学生对绿色低碳校园建设的积极参与度和认同感，阻碍了学生绿色低碳理念的培养。

应对以上四个方面的挑战，可以考虑以下四个方面的对策：

（1）加强理念宣导与劳动教育实践相结合。通过形式多样的校园文化活动，如举办讲座、研讨会和工作坊等形式，普及绿色低碳理念，并强调每个人在绿色低碳校园建设中的责任和作用。将绿色低碳理念融入劳动教育中，例如开展校园绿化、节能改造等劳动实践活动，使学生在亲身参与中深化对绿色低碳校园建设的认识。

（2）建立正向激励机制，培养良好的行为规范。通过设立绿色低碳项目激励体系，鼓励更多学生积极参与绿色低碳校园建设。制定明确的行为规范准则，对不符合绿色低碳要求的行为进行适当的约束和纠正，避免"破窗效应"的扩散。确保与绿色低碳校园建设相关的决策过程公开透明，及时向学生公布项目信息、进度和可能的影响评估结果，对疑虑和问题给予及时、专业的回应，规避"邻避效应"。

（3）完善管理机制与优化资源配置。制订详细的工作计划和实施方案，明确各项任务的目标、责任人、时间节点和具体措施，形成清晰的工作路线图。对学校现有的资源进行全面梳理及合理配置，确保绿色低碳校园建设所需的各项资源得到充分保障。建立健全的沟通协调机制，确保各部门之间信息畅通、协同配合。通过定期召开工作推进会、建立信息共享平台等方式，及时总结经验、解决问题，推动绿色低碳校园建设工作有序推进。同时，加强监督评估和结果反馈，对工作计划的执行情况进行定期检查和评估，并根据实际情况进行调整和优化，确保绿色低碳校园建设取得实效。

（4）强化实践教学与劳动教育相结合。将绿色低碳理念和相关内容有机地融入学校的劳动教育实践课程体系中，让学生在实践中学习理论知识，提升解决实际问题的能力。同时，结合劳动教育，组织学生参与校园环境整治、绿化养护、节能减排等劳动活动，让他们在劳动中感受绿色低碳生活的魅力，增强环保意识和责任感，在亲身参与中体验绿色低碳校园建设的意义和价值。

3.3 绿色低碳校园建设中青年学生的担当与作为

青年学生在绿色低碳校园建设中扮演着关键的角色，在硬件设施建设、软件环境建设、文化氛围营造、课程体系建设等过程中，都需要青年学生的深度参与和使命担当。

在硬件设施建设方面，青年学生可以积极参与校园绿色建筑的规划和设计，提出节能减排、环保材料使用等建议，推动校园建筑向绿色低碳方向转型；在软件环境建设方面，青年学生可以通过参与校园信息化平台的建设和管理，推动校园管理向智能化、高效化方向发展；在文化氛围营造方面，青年学生积极投身到绿色低碳生活方式的倡导和推广中去，通过组织环保活动、宣传绿色低碳理念等方式，营造浓厚的环保氛围；在课程体系建设方面，青年学生可以积极参与到绿色低碳相关课程的开发和教学中，推动绿色低碳知识融入课堂教学和实践教学中。

具体来说，青年学生的担当与作为体现在以下五个方面：

（1）成为绿色低碳校园建设的倡导者与引领者。青年学生是时代的先锋，具有敏锐的洞察力和强烈的使命感，善于敏锐地捕捉社会变革的脉搏，具备与时俱进的学习能力和对新知识的渴求，肩负着推动社会进步的重任。在绿色低碳校园建设中，青年学生应积极倡导绿色理念，引领校园风尚，通过言行举止的感召力，影响和带动身边的人共同参与到绿色低碳的行动中来。同时，青年学生还应积极利用各种社交媒体、网络平台，向他人宣传绿色低碳知识，提高大家的环保意识和素养。青年学生的倡导与引领作用不仅体现在他们的实际行动上，更体现在他们的精神风貌上，需要每个学生以积极的态度、饱满的热情、创新的思维推动绿色低碳校园建设进程。

（2）成为绿色低碳校园建设的实践者与行动者。绿色低碳校园建设需要切实的行动和实践，青年学生作为校园中的活跃力量，应积极参与各种绿色低碳活动。青年学生可以更广泛地参与到垃圾分类的推广、节能减排的实践、校园绿色的保护等实践中，从自身做起，减少不必要的能源消耗，降低碳排放，为校园的节能工作贡献力量。此外，青年学生还应积极参与到环保公益活动中，通过实际行动践行绿色低碳理念，开展植树造林、环境清洁等志愿服务活动，在改善校园环境、提升校园品质的过程中，进一步深化对绿色低碳理念的理解与认同，实现自我成长与价值提升。通过参与这些融合劳动教育元素的实践活动提升个人综合素质和能力，成为具有社会责任感和环保意识的优秀青年。

（3）成为绿色低碳技术的创新者与研发者。青年学生具有较强的创新意识和探索精神，在绿色低碳校园建设中，他们可以不断学习节能技术、环保材料等领域的新动态、新知识、新技能，努力成为绿色低碳技术领域的领跑者。结合自身专业优势，通过参与科研项目、开展技术创新活动等方式，研发具有自主知识产权的绿色低碳技术，为校园的绿色发展提供有力支撑。此外，可以运用互联网、大数据等现代信息技术手段，开发智能化、高效化的能源管理系统和环境监测平台，实时监测校园的能源消耗情况、环境质量指数等关键数据，为校园管理部门提供科学决策依据，有效提高校园的能源利用效率和环境管理水平。青年学生的创新研发工作不仅可以为绿色低碳校园建设提供技术支持和保障，更在潜移默化中培育他们的创新意识和实践能力，帮助学生更加深刻地理解绿色低碳发展的重要性，也更加坚定他们为推动校园绿色发展贡献力量的决心和信心。

（4）成为绿色低碳理念的教育者与传播者。青年学生在校园中不仅是知识的学习者，也是知识的传播者。在绿色低碳校园建设中，学生可以通过各种渠道和方式传播绿色低碳知识，提升整个校园的环保意识和素养。青年学生可以通过朋辈教育的方式，将所学知识转化为生动有趣的讲解内容，激发更多学生对绿色低碳理念的兴趣和热情。社团活动是一种行之有效的朋辈学习教育方式，通过组织各种环保活动，如环保讲座、垃圾分类宣传、节能减排竞赛等，向广大同学宣传绿色低碳理念，提升大家的环保意识和素养。此外，还可以利用社团资源，与校外合法正规的公益组织合作，为校园的绿色发展注入新的活力。青年学生作为社交媒体和网络平台使用的行家，要不断学习，提升专业素养，确保传递信息的准确性和权威性，在传播正确绿色低碳理念的过程中利用多元化渠道扩大影响力。在传播过程中应结合生动实例，让绿色低碳理念具象化，更易被接受。

（5）成为绿色低碳校园管理的主导者与督导者。作为主导者，青年学生应积极参与校园绿色低碳管理的决策过程，通过参与学校环保委员会、绿色校园建设小组等机构，共同探讨和研究校园绿色低碳发展的方向和策略，并提出切实可行的建议和措施；作为督导者，青年学生应参与到对校园绿色低碳管理的执行情况的监督和评估过程中，密切关注校园能源消耗、环境质量、垃圾分类等方面的数据指标，及时发现存在的问题并提出改进意见。同时，还可通过定期巡查、环保知识宣传等方式，引导师生共同遵守绿色低碳规范，共同维护校园的生态环境。在此过程中，学生需要不断学习和提升自己的绿色低碳知识和环境保护技能，并具备良好的沟通和协调能力，与师生保持有效沟通，共同推动校园绿色低碳管理的顺利实施。

3.4 绿色低碳校园建设的劳动实践

3.4.1 绿色低碳校园建设与劳动实践场景构建

绿色低碳校园建设不仅有助于减少校园日常管理对环境的负面影响，还有助于增强学生环保意识，养成低碳生活理念。绿色低碳校园建设与劳动教育的紧密融合是提升育人实效的重要路径，体现在专业建设、课程教育与实践环节的全过程中。

依托绿色低碳校园建设的具体内容，构建符合时代特征、学生特点和教育教学规律的劳动实践场景，既可以为学生提供将环保理念转化为实际行动的实操平台，也可进一步推动绿色低碳校园的建设。一方面，劳动实践场景的构建促进了专业知识与绿色低碳知识融合创新的转化及应用。学生在课堂上学习的相关绿色低碳环保知识，需要在实践中得到应用和检验。对于劳动实践过程的反馈和体验也能促进学生对所学知识的深入理解和创新思考。另一方面，劳动实践场景的构建有助于培养学生的社会责任感和团队合作精神，通过项目式管理和团队合作研究，解决绿色低碳校园建设过程中的实际问题，增强沟通管理水平和领导力。

在绿色低碳校园建设中，劳动实践场景的构建需要注重多样性和实效性。多样性意味着要提供多种类型的劳动实践机会，满足不同学生的兴趣和需求。例如，可以设立垃圾分类处理区、绿化养护区、能源管理区等不同类型的劳动实践场景，让学生根据自己的兴趣选择参与。实效性则要求劳动实践场景能够真正起到教育作用，让学生在实践中获得成长和进步。

在构建劳动实践场景过程中，需要做好四个方面的准备工作：

（1）明确劳动实践场景构建的目标和规划。包括确定劳动实践环节的主题、内容、形式和时间安排等，有针对性地选择合适的劳动实践场景，确保其与绿色低碳校园建设的理念相契合。同时，合理的规划可以确保劳动实践活动的有序性，避免资源的浪费和时间的冲突。

（2）对校园内外的资源进行充分的调研和评估。包括了解校园内的空闲场地、设施设备、劳动教育资源等情况，以及校园周边的社会环境、协同单位、自然资源等。通过调研和评估，确定哪些资源可以用于构建劳动实践场景，哪些资源需要进行改造或升级。同时，还可以了解学生对不同类型劳动实践活动的需求和兴趣，为后续的场景设计和活动安排提供参考。

（3）在明确目标和资源的基础上，要进行劳动实践场景的设计与布置。包括根据劳动实践活动的需求和特点，设计合理的场景布局、功能分区和设施配置。既要注重场景的环保性和美观性，选择打造宜居、宜学的劳动实践环境，还要考虑场景的灵活性和可变性，以适应不同主题和形式的劳动实践活动。

（4）加强劳动实践场景的安全与保障工作。包括制定详细的安全管理制度和应急预案，明确安全管理责任人和职责分工。加强对参加劳动实践学生的安全教育和培训，应对可能发生的意外情况。

3.4.2　人工智能时代的绿色低碳校园劳动实践

随着科技的不断进步，人们的绿色低碳生活方式受到新理念、新技术的颠覆式影响，也掀动了绿色低碳校园建设新一轮的变革浪潮。人工智能技术的迅猛发展不仅为绿色低碳校园建设提供了强有力的技术支持，也为其注入了新的活力，赋予了新的内涵。

一方面，在校园节能日常管理方面，通过智能化的能源管理系统可以实时监测校园的能源消耗情况，并进行优化调度，确保能源的高效利用。利用大数据和云计算技术对能源消耗数据进行深度挖掘和分析，为校园的能源管理提供科学决策依据。智能化的环境监测系统可以实时监测校园内的空气质量、噪声污染、垃圾分类等情况，及时发现并处理环境问题。智能化的交通管理系统可以优化校园的交通布局和出行方式，打造低碳环保的校园出行环境。

另一方面，人工智能技术为教育教学改革提供了有力支持。智能化的教学管理系统，可以实现教学资源的共享和优化配置，提高教学效率和质量。教学过程监测和督导系统，可以实现对劳动实践教学过程的全方位跟踪，帮助教师及时了解学生反馈，优化教学方案，帮助学生随时发现知识漏洞，拓宽学习视野，提升自我学习能力和终身学习意识。

综上，引入人工智能技术，在提高校园的管理效率和服务水平的同时，也有力地推动了校园向更加绿色、低碳、可持续的方向发展。

从劳动实践的角度来看，人工智能技术的迅速发展对传统的劳动模式产生了颠覆性影响。一方面，它确实在某些领域替代了人类的劳动力，显著提高了工作效率；另一方面，人工智能也带来了劳动理念和方式的革新，促使我们开始重新思考如何构建人工智能时代的劳动教育。但无论科技如何发展进步，人类都不可能完全摆脱劳动，在人类智慧与科技的紧密结合中，我们通过与智能机器的协作释放出更多创新潜能，实现更高层次的价值创造。

与此同时，无论劳动的样态如何改变，面向青年学生的劳动教育仍至关重要，这是因为劳动教育不仅是教授一种技能或培养一种习惯，更是塑造人生观、价值观和世界观的重要途径。对青年学生来说，劳动教育是一种生活教育，通过参与劳动实践，学生可以亲身体验到劳动的艰辛与乐趣，从而更加珍惜劳动成果，懂得感恩和回报；劳动教育也是一种生存教育，它教会学生们如何融合专业知识和劳动技能，在未来的职场生涯中站稳脚跟，通过自己的双手创造美好的生活；劳动教育还是一种创造教育，学生通过找到更高效的人工智能劳动方式和方法，创造出造福学校、家庭和社会的新型劳动模式。

这些都与践行绿色低碳理念息息相关，通过具体的劳动实践，进一步强化对绿色校园建设、社会可持续发展理念的理解和认同，更加明确绿色低碳理念对生态环境和人类生存的重要意义，坚定人与自然和谐共生的终身奋斗目标。

具体来说，人工智能时代面向绿色低碳校园建设的劳动教育实践应关注以下四个方面：

（1）加大自主研发智能化劳动工具的力度。在绿色低碳校园的劳动实践中，要鼓励和引导学生自主发明创造智能化的劳动工具，并通过校园建设场景的具体应用，予以更大范围推广和科技成果转化。例如，结合校园建设的实际情况研发智能割草机，通过自主编程和路径规划实现草坪的自动化管理；设计无人机巡查系统，对校园进行高效、环保的巡查；开发自动化灌溉系统，根据植物需求和土壤湿度智能调节水量，达到节约水资源的目的。这些智能化劳动工具的研发和应用，不仅有助于提升绿色低碳校园的劳动实践水平，更能为培养学生的综合素质和创新能力提供有力支持。同时，我们可以将这些在校园场景实践应用过的智能化劳动工具通过成果转化、批量生产等方式推向市场，为社会的可持续发展作出贡献。

（2）构建智能化劳动实践场景。通过利用人工智能、物联网等先进技术构建智能化劳动实践场景，如智能垃圾分类处理中心、自动化绿化养护区等，既能为学生提供更加真实、生动的劳动实践体验，也有助于提升校园管理的智能化水平，实现资源的高效利用和环境的持续优化。同时，开发建设虚拟仿真劳动实践场景，解决物理劳动空间不足的问题，降低实际劳动过程可能产生的风险和成本，增强实践环节的趣味性、体验性和挑战性。

（3）加强跨学科劳动实践项目的设计。人工智能时代的劳动实践更关注多学科的交叉融合，应打破传统学科界限，引导学生立足本专业的知识和技能，借鉴和吸收其他学科的思维和方法，从多个角度来审视和分析问题。在实践过程中，可以以某个具体问题为切入点，组建多学科融合的学生实践团队，培养跨学科思维和团队协作能力。

（4）建立智能化劳动实践评估与持续改进机制。充分利用人工智能技术，对劳动实践的全过程进行科学、客观、实时的评估。利用大数据分析技术对劳动实践过程中产生的数据进行深度挖掘和分析，从而准确掌握实践活动的进展情况、存在的问题以及取得的成效。同时，还可以借助人工智能算法对实践活动进行预测和模拟，提前发现潜在的问题并制定相应的应对教育教学持续性改进策略。

第 4 章
绿色低碳理念与劳动教育实践

融合绿色低碳理念的劳动教育实践活动全过程管理包括设计策划、组织实施、过程管理、效果评价四个主要环节。

4.1 设计策划与组织实施

4.1.1 预设目标

教育实践活动的设计是实现教育长效化的有效方式，对帮助学生系统掌握绿色低碳理念、低碳生活知识，践行绿色低碳劳动，树立生态文明思想有着重要的意义。绿色低碳与劳动教育实践活动把教学和活动相结合，设计和开发教育教学和实践活动，预设教育实践活动的目标具体体现为以下三个方面。

（1）科普绿色低碳知识。应对气候变化和环境破坏的状况，加快绿色低碳发展，引导绿色低碳已逐渐成为人们的共识。所以，通过教育实践活动向青少年灌输低碳生活的核心观念、知识和技巧，以便他们全方位地了解低碳生活的基础知识，是非常重要的。主要包括向青少年传授绿色低碳的知识，包括深入理解低碳社会的社会根源，介绍低碳社会背后的全球发展趋势、经济发展的根源以及社会生活方式的变化等。同时，全面掌握关于低碳的科学知识和日常生活常识，有助于激发学生对低碳背后的相关社会现象，特别是气候危机、能源危机、人与自然关系、可持续发展等进行深度思考，理解事物现象背后的规律性。

（2）培养生态文明素养。习近平生态文明思想丰富了可持续发展观、科学发展观的理论内涵，成为新时代生态文明建设的根本遵循和行动指南。作为新时代生态文明理念的实践者和推动美丽中国建设的执行者，学生要用习近平生态文明思想来武装自己的思想，并指导自己的行动。重点要学习贯彻坚持党对生态文明建设的全面领导、坚持生态兴则文明兴、坚持绿色发展是发展观的深刻革命、坚持把美丽中国转化为全体人民自觉行动等原则要求，增进个体的生态素养，提升对生态文明思想的理念认识和战略认知，把握对新时代生态文明建设的理论性根本指引。

（3）倡导低碳生活劳动。绿色低碳与劳动教育的根本指向在于促成青年学生低碳生活劳动行为的养成。因此，推动低碳生活实践在教育活动设计中表现得尤为重要，它必须与生活、情境和社会紧密相连，通过富有趣味性、哲理性和精神层面的教育实践活动，激发学生参与低碳生活劳动的热情，使他们在劳动实践中建立起对低碳生活的健康理解和信念，并能在日常生活劳动中积极实践低碳行为，从而在节能减排、科技创新和简约生活等领域发挥引领和示范作用。

4.1.2　设计原则

青年学生群体是绿色低碳与劳动教育的主要对象，在绿色低碳与劳动教育实践活动过程中必须清楚地把握他们的特征。在此基础上，我们要按照青少年的认知、情绪、信念和行动的成长规律，帮助他们理解并应用所学，将其内化为他们的价值取向，并将其转变为实际的行动。

1.把握教育实践活动对象特征

1995 年至 2009 年出生的一代人，通常被称为 Z 时代的年轻人。他们是数字时代的原住民，从小就生活在互联网、智能手机、社交媒体等科技产品的包围之中。Z 时代的青年人与之前的几代人相比，在价值观、学习方式、生活方式、消费习惯等方面都有着显著的不同。Z 时代的青年成长于经济全球化、文化多元化、社会信息化的时代，他们更加注重个性表达和自我实现，追求独特的生活方式和消费体验。他们善于利用数字技术和社交媒体获取信息、交流思想、表达情感，也更加开放和包容不同的文化和观念。要设计合适的劳动教育实践活动，就必须深入了解 Z

时代年轻人的特点和需求。

总体来说，Z时代青年有三个方面的特点：

（1）习惯于数字化、在线化的学习方式。他们更倾向于通过互联网、移动设备和社交媒体等渠道获取知识。因此，在劳动教育实践活动的设计中，应充分利用数字技术，如虚拟现实、增强现实等，创造沉浸式的学习环境，提高活动的吸引力和参与度。

（2）注重个性化和自主学习。他们喜欢根据自己的兴趣、节奏和方式来学习。在劳动教育实践活动中，应提供多样化的学习资源和路径，允许参与者自主选择学习内容和方式，以满足他们的个性化需求。他们更注重个性化和自主学习，喜欢根据自己的兴趣、节奏和方式来学习。因此，在劳动教育实践活动中，应提供多样化的学习资源和路径，允许参与者自主选择学习内容和方式，以满足他们的个性化需求。

（3）渴望通过更多的实践来学习并探索新知识。他们不再满足于传统课堂内被动接受知识的模式，更向往通过亲身实践、探索和体验得来的深刻感悟。他们希望在学习过程中能够发挥自己的主观能动性，善于运用创新思维、逆向思维来给出更多方案，而不是被动地接受现成的答案。同时，他们更渴望与同伴、老师或社区成员进行深入的互动交流，分享彼此的经验和见解，从而丰富自己的学习体验。因此，具有实践性、挑战性的劳动教育实践活动任务对他们更具吸引力。

针对Z时代青年的特点，在设计劳动教育实践活动的过程中，还应把握以下三方面的原则：

（1）尊重主体性。在进行教学实践时，我们需要明确一个观点：学生是活动设计的核心。如果学生处于被动的位置，那么无论老师付出多大的努力，教学效果也无法达到预期。因此，在进行教育实践活动时需要充分激发青少年的自主性，点燃他们的参与热情。通过尝试使用探索、启发和价值引导等学习方式，鼓励他们将生活中的理解和思考以及生活中的困惑或疑虑融入教育实践活动中寻找答案。这样不仅可以解决知识认知问题，也可以解决深层次的思想认知问题，从而达到更加自主和自由的学习状态。

（2）满足需求性。要从学生的角度出发去考虑他们的真正需求、理解他们的喜好，进行规划和布置教育课程，并且改进和提升教育的实践环节。要特别关注社会热点问题对学生思维理解的挑战，同时也要注意时代和环境变化对青少年思维理解的挑战。尤其要关注学生的兴趣点，尊重他们的观念和理解，以便于让学生在实践中强化认知，并从中获取更多的价值认同，这样才可以使低碳生活以及劳动教育发挥出"润物细无声"的作用。

（3）掌握规律性。青年的个人特质和智慧正在逐渐完善，他们拥有出色的抽象逻辑及理论分析技巧，并且拥有清晰的价值观，他们对社会的参与度很高，对学业的热情也很旺盛，他们的自我管理也在逐步变得更加稳健。所以，我们需要将绿色低碳的生活方式与教师的教学实践相结合，使得学生在这些实践活动中能够理解深奥的道理，从而加强他们对于世界、社会和人的全方位了解，并帮助他们树立健康的人生观、价值观和世界观。

2. 遵循教育实践活动发展规律

知识、信念和行动是教育实践活动的三个层次，实现绿色低碳与劳动教育目的，需要把握绿色低碳认识、生态文明思想信念和劳动教育行动的教育规律。

（1）立足认知教育。将知识与实践融入教学中，帮助学生学习并掌握实践环保生活方式的方法。向他们传授关于节约资源、保持环境的知识，包括如何使用电力、如何进行垃圾分类、如何保护环境、如何在日常生活中实施节约、如何提倡环保、如何在日常生活中实践等。

（2）坚定理想信念。要在社会主义核心价值观和习近平生态文明思想的指导下，把全面推进美丽中国建设的理想信念融入绿色低碳与劳动教育的全过程。要认识到绿色低碳生活不仅有利于个人健康和家庭幸福，也有利于地球生态环境的保护和可持续发展。成功的绿色低碳劳动教育实践活动不仅仅是一次性的活动，更应该是一个长期的过程。理想信念教育推动终身习惯的养成，使活动的教育意义入脑入心，推动活动的参与者始终保持对环保事业的热情和关注，并愿意为之付出持续的努力，将绿色低碳理念和劳动素养融入自己的日常生活中，成为生态文明的终身践行者和传播者。

（3）明确行为培养目标。在教育实践活动过程中培养学生的劳动行为习惯，增强学生参与劳动的行为自觉性。通过日常生活中的劳动行为养成，如垃圾分类、节约用水、减少使用一次性用品等，逐步培养自己的绿色低碳生活习惯。

4.1.3　主要内容

绿色低碳与劳动教育主要围绕绿色低碳发展的背景形势、绿色低碳发展在国家社会层面的政策现状、低碳生活理念与劳动教育实践融合等方面开展。

一是理论层面，主要是绿色低碳形势与政策教育。旨在让学生了解当前的环境形势和未来趋势，掌握低碳生活的方式和意义，了解低碳技术的现状和发展趋势。通过深入学习习近平生态文明思想，培养低碳意识和实践能力，树立新时代生态文明价值理念，促进可持续发展的实现。

（1）气候变化与低碳发展形势。介绍全球气候变化的状况和趋势，以及低碳发展的必要性和紧迫性，让学生了解当前的环境形势和未来趋势。

（2）生态文明思想教育。使学生建立起对生态的道德认知，提升对环境保护的义务感，以及对生态、资源和环境等基础概念的理解，以理性且友好的态度看待生态环境，尊重自然的生存权和发展权，追求人与自然在动态平衡中的和谐共处。

（3）低碳生活与可持续发展。介绍低碳生活的方式和意义，让学生了解如何在日常生活中实践低碳生活，推动可持续发展的实现。

（4）低碳技术与创新发展。介绍低碳技术的现状和发展趋势，包括可再生能源、节能技术、碳捕获和储存技术等，让学生了解技术创新在低碳发展中的作用。

二是实践层面，主要是绿色低碳生活与劳动教育。通过将低碳生活理念与劳动教育相结合的教育方式，培养学生的低碳生活意识和实践能力，促进绿色低碳生活方式的实现。

（1）开展低碳生活主题活动。组织学生开展低碳生活主题活动，如"低碳生活周""低碳生活宣传月"等，通过宣传、展示、体验等方式，让学生了解低碳生活的重要性和实践方法。

（2）组织低碳生活实践项目。组织学生参与低碳生活实践项目，如垃圾分类、环保志愿者活动、绿色出行等，让学生在实践中掌握低碳生活技能，培养低碳生活习惯。

（3）开展家庭低碳生活实践。鼓励学生将在学校学到的低碳生活知识运用到家庭中，如节约用电、减少用水、减少垃圾等，让家庭也成为低碳生活的实践场所。

（4）探索低碳生活创新。鼓励学生发挥创造力，探索低碳生活的新方式和新方法，如利用废旧物品制作环保用品、创新节能技术等，培养学生的创新能力和环保意识。

4.1.4　组织与实施

绿色低碳与劳动教育实践活动可以作为通识教育内容组织实施，适用于国民绿色低碳教育和劳动教育相关课程。主要教学活动的组织和实施可以采用以下形式。

（1）生态文明教育。可以组织思想理论学习。利用各种方法，如课堂教育、主题演讲等，来阐述关于生态文明的理论观点，这些观点涉及生态文明的关键性和必要性、生态文明的构建及其对于可持续发展的影响，以及在新的历史阶段中，关于生态文明建设的定义和内涵。培养人与自然和谐共生的世界观和生态文明道德观。

（2）低碳形势教育。可以组织政策现状解读。通过授课、主题演讲等途径，理解"双碳"目标的产生原因、含义以及重要性，探索"双碳"目标的达成途径和策略，对当前的生态挑战以及环境状况进行深度分析，掌握低碳相关理论以及全球低碳经济的进步状况。

（3）低碳知识教育。可以开展科学知识普及活动。通过课堂教学、校园活动等方式向学生传授低碳知识，包括低碳的概念、意义、重要性以及实现低碳生活的方法和途径等。通过举办以低碳为主题的校园文化活动，如低碳生活周、低碳知识竞赛、低碳生活创意大赛等，让学生在学习实践中体验和理解低碳知识。

（4）低碳劳动行为教育。可以组织实践活动、校园活动。组织学生进行低碳生活劳动实践，如垃圾分类、节约用水、节粮爱粮、植树造林等，让学生在亲身参与中体验和实践低碳生活和生态保护。组织学生参与社区的低碳劳动活动，如环保宣传、低碳生活示范等，让学生了解社会低碳工作的运行机制，增强社会责任感。

4.2　过程管理与效果评价

4.2.1　过程管理的内容和方法

一是受教育者接受状况。绿色低碳与劳动教育的核心目标是增强学生对以劳动践行绿色低碳的自觉性和积极性，帮助学生将外在的绿色低碳观念和知识转化为自身的劳动行动和技能，最终主动实践绿色低碳劳动并遵循这一价值观。青年学生既是参与教育活动的主体，也是被动接受教育的对象。因此，我们需要把他们的接受情况视为衡量和评价教育进度和效果的关键因素。首先，要摸清学生已掌握低碳知识和劳动技能的基本情况。透过绿色低碳以及劳动的相关课程及实际操作的指导，帮助学生获取必要的绿色低碳与劳动的知识和技巧，并主动去劳动实践绿色低碳理念，考查学生对绿色低碳理念和劳动行为的认知和掌握情况。例如，学生对于绿色低碳的理解程度、对于绿色低碳的重要性和观念的认识水平，以及对低碳领域的基础知识、政策和信息的掌握情况，对于绿色低碳劳动行为的理解、认同和践行情况等。其次，要掌握对低碳生活所持的态度。绿色低碳与劳动教育的核心理念在于鼓励每个人积极、独立地践行绿色低碳的劳动。在进行教学和实践活动时，要注重培养学生的认知、情绪以及偏好等，具体内容可以涵盖对于绿色低碳的价值和重要性的理解、对于低碳观念和行动的接纳程度，以及绿色低碳劳动与他们个人的关联程度等。最后，要掌握低碳行为实施情况。绿色低碳劳动生活行为是绿色低碳与劳动教育最直观的表现。

二是教育实践活动实施开展情况。对于教育实践活动实施开展情况主要从以下一些主题加以管理：教学状况，主要关注的是低碳相关主题的课程，低碳知识在课堂中的应用情况，以及教学效果等；教师状态，主要涉及教师的环保观念、环保教育实践行为以及教师个人的环保能力的评估；校园文化与活动的进行状况，主要考查在校园进行的各种绿色低碳与劳动校园活动，比如低碳宣传活动、低碳社团的构建以及低碳劳动社会实践等。

三是过程管理的主要方法。对绿色低碳与劳动教育实践活动，根据管理过程和实施情况，可以采用多种方法。例如：问卷法，通过对问卷的学习实践情况进行详细分析和评估。可以研究青少年对于绿色低碳和劳动教育的看法，他们是否赞同，是否愿意付诸实践，以及他们参与实践的等级水平。座谈法，根据特定目的预先设定好一定的结构和程序，通过面对面的交流，深入了解影响青少年绿色低碳与劳动教育的原因。成长记录评价法，有目标地收集学生的低碳生活相关行为和其他相关证据，以展示他们在实现发展目标的过程中所付出的努力以及取得进步的过程中反映出的学生优缺点。要引导学生根据成长记录来表达自己的观点和自我反思，以此激励他们实现更高的目标。

4.2.2　过程管理的机制和保障

绿色低碳与劳动教育是以教育教学和实践引导为主要形式的教育实践活动，为加强教育实践活动的过程管理，应从师资建设、课程建设、实践组织、应急处置等方面做好保障。

一是师资建设。师资建设是教育的根本。在开展绿色低碳和劳动教育实践活动时需要首先关注师资队伍建设，并确保发展过程中在场所、设施和教材等各个环节都能得到充分的保障。优秀的教师能够激发学生的求知欲，引导他们形成正确的世界观和人生观。在绿色低碳教育领域，教师的角色更加重要，他们需要引导学生认识到人与自然的和谐共生，培养学生的环保意识和责任感。

然而，当前绿色低碳劳动教育领域的师资队伍还存在一些不足。一方面，教师的数量和质量不能完全满足需求。存在教师对绿色低碳理念缺乏深入的了解和认同的现象，并难以在教学中有效传递这一理念。另一方面，教师的培训和教育体系也不够完善，导致教师的专业素养和能力得不到及时提升。

值得一提的是，这里的师资建设还包括由大学生担任的面向基础教育和朋辈教育的绿色低碳劳动教育实践活动的引导者、志愿者、宣讲者。大学生作为新时代的青年，充满活力、富有创新精神，是绿色低碳教育的重要力量。通过担任引导者、志愿者和宣讲者，大学生可以将自己所学到的知识和理念传递给更广泛的人群，推动绿色低碳理念在全社会的传播和实践。

大学生作为引导者，可以设计和组织各种绿色低碳劳动教育实践活动，引导中小学生和社区居民亲身参与其中，体验绿色低碳生活的魅力；作为志愿者，可以在活动中提供必要的帮助和支持，确保活动的顺利进行；作为宣讲者，则可以通过讲座、展览等形式向公众普及绿色低碳知识，提高他们的环保意识和责任感。

因此，我们必须优先考虑师资队伍的建设。通过加强师资培养和引进、完善激励机制、建立师资共享平台、发挥大学生作用以及加强社会支持与合作等多方面的措施，有效解决包括大学生在内的绿色低碳劳动教育师资队伍建设不足的问题。

二是课程建设。加强相关课程建设，确保有完善、科学的课程框架和详细的绿色低碳与劳动教育教学计划。需要明确绿色低碳劳动教育的课程目标，包括培养学生的环保意识、责任感，以及使之掌握相关的绿色低碳知识和技能。这些目标应该贯穿于第一课堂和第二课堂活动中，确保教育的连贯性和一致性。在课程结构方面，需要构建一个由基础课程、拓展课程和实践活动组成的完整体系。基础课程可以包括绿色低碳理念、原则和方法等内容，确保学生对基础知识有全面的了解；拓展课程则可以围绕特定主题或领域进行深入探讨，如绿色能源、低碳交通等；实践活动则是将理论知识应用于实际的重要环节，可以包括实地考察、社会调查、绿色项目设计等。

三是实践组织。在绿色低碳与劳动教育中，实际操作是获得成果的关键途径。

是否构建了低碳教育基地，或者是否进行了绿色低碳劳动教育项目的组织和建设，都是衡量绿色低碳与劳动教育实践阶段的关键因素。在关键的时间节点上开展绿色低碳和劳动教育的实践活动，同样是学生积极参与教育活动的重要方式。

四是应急处置。绿色低碳劳动教育实践活动的应急处置是确保活动安全、顺利进行的重要环节。实践活动通常涉及实地操作、设备使用以及与自然环境的直接接触，存在一定的安全风险。为了有效应对可能出现的紧急情况，要做好以下六个方面的工作：

（1）制定应急预案。在活动开始前，组织者应根据活动地点、内容、参与人员等实际情况制定详细的应急预案。预案应包括可能遇到的风险类型、应对措施、责任人及联系方式等信息，确保在紧急情况下能够迅速、有效地响应。

（2）建立应急小组。成立专门的应急小组，负责在紧急情况下进行协调、处置和救援工作。应急小组应由具有相关经验和专业技能的人员组成，并使其接受必要的培训和演练，以提高应对能力。

（3）配备必要的安全设施和设备。根据活动需要，提前准备好必要的安全设施和设备，如急救箱、灭火器、应急照明灯等。并确保这些设施和设备处于良好状态，能够在紧急情况下正常使用。

（4）加强现场监管和巡查。在活动进行过程中加强现场监管和巡查力度，及时发现并消除安全隐患。对于违反安全规定的行为要及时予以制止和纠正，防止事故发生。

（5）保持信息畅通。确保活动现场与外部的通信畅通，以便在紧急情况下能够及时联系到相关部门和人员。同时，向参与人员提供紧急情况下的联系方式和求助渠道，让他们在遇到问题时能够及时寻求帮助。

（6）进行事后总结和改进。活动结束后，组织者应对应急处置工作进行总结和评估，分析存在的问题和不足，并提出改进措施。这将有助于提高未来活动的安全性和应急处置能力。

4.2.3　效果评价原则和要点

1. 绿色低碳与劳动教育实践活动评价的基本原则

绿色低碳与劳动教育实践活动作为与环境教育、道德教育和科技教育等主题密切相关的教育实践活动，有着特殊的时代意义和现实意义。开展绿色低碳与劳动教育实践活动的效果评价，应注重教育实践活动的发展性、全面性和灵活性等原则。

（1）评价主题的发展性。当前，"双碳"概念和实践研究越来越深入，绿色低碳与劳动教育实践活动主题也日益多元化。因此需要我们在评价过程中持续调整和优化我们的目标，并确保其与评价主题的匹配性和可行性。同时，也要主动制定适应各种活动主题的评价策略，并设立相应的指标体系，以便更好地适应教育活动主题开展。

（2）评价内容的全面性。绿色低碳与劳动教育实践活动的实施涉及多个学科的知识，比如生态文明观念、科技常识、经济理念、传统文化等。在开展相关评估时必须掌握这些领域的知识。因此，绿色低碳与劳动教育实践活动的评价并不仅仅是教育评价活动，它具有跨学科的特性。设计评价方案不仅要熟练掌握常规的教育评价方法，还需要具备各个学科领域的知识，以确保评估的效率和科学性。

（3）评价方式的灵活性。绿色低碳与劳动教育实践活动评价涉及的主题较多，既有绿色低碳的各个方面，也有劳动教育的不同内容。针对不同的主题、不同的评价对象，相应的评价方式也各有差异。同时，对于同一主题也可以从不同的角度进行评价，在方法上也会有所差异，例如，要了解大学生对待低碳生活的态度，可以选择自评的方法，也可以由老师或其他同学评价。

2. 绿色低碳与劳动教育实践活动评价的着力点和落脚点

（1）达成知行统一的教育效果。在绿色低碳与劳动教育实践活动评价中，知识与行动的融合不仅是教育活动的关键任务，也是评价教育成效的重要指标。评价绿色低碳与劳动教育实践活动的价值，不仅要判断教育本身实现的育人价值，更重要的是通过这种评价方式可以推动青少年的低碳素养和劳动观念的提升。

（2）推动绿色学校建设发展要求。绿色学校建设情况是考察校园建设的重要指标。绿色低碳与劳动教育实践活动能够通过促进绿色低碳理念的普及，推动绿色低碳劳动方式的推广，引导广大师生养成践行绿色低碳的良好生活习惯，助力实现校园建设符合绿色学校的要求，推动绿色学校建设取得实效。

（3）实现人才培养根本目的。人才培养是教育成果的重要体现。绿色低碳与劳动教育实践活动最根本的目的是培养自觉践行低碳行为的行动者和低碳环保技术、绿色低碳生活理念的传播者。包括通过一系列的绿色低碳劳动教育实践活动，获得相关的低碳生活知识和技能，终身践行低碳劳动环保行动。

4.3 数智赋能与专业领航

4.3.1 数智化在绿色低碳生活上的应用

随着信息技术的不断发展，数字化和智能化成了时代的主流。数智化技术的应用在绿色低碳生活上具有广泛的应用前景，可以从多个方面帮助用户实现节能减排和环保目标，为绿色低碳生活提供支持和手段。当前，数智化技术在绿色低碳生活上的应用主要体现在以下几个方面。

（1）能源管理和优化：数智化技术可以对家庭的能源使用情况进行实时监控和数据分析，帮助用户更加合理地使用能源，减少浪费。例如，智能电表和智能燃气表可以实时监测能源使用情况，并通过互联网将数据传输到用户的手机或其他智能设备上，用户可以根据数据调整自己的能源使用习惯，从而减少能源消耗。

（2）绿色出行：数智化技术可以帮助用户更加方便地选择绿色出行方式。例如，共享单车、共享汽车等新型出行方式可以通过手机 APP 进行预约和支付，为用户提供更加便捷的出行选择。此外，智能交通系统可以通过实时数据分析道路交通情况，为用户提供更加高效和安全的出行路线。

（3）垃圾分类和处理：数智化技术可以帮助用户更加科学地进行垃圾分类和处理。例如，智能垃圾桶可以通过识别垃圾的种类和重量等方式自动分类和处理垃圾，从而减少对环境的污染。同时，用户可以通过手机 APP 查询垃圾分类的知识和方法，提高垃圾分类的准确性和效率。

（4）智能驾驶：智能驾驶的发展推动了电动汽车的普及，智能驾驶与电动汽车的结合使得驾驶更加便捷、高效，也进一步促进了低碳生活方式的推广。通过减少不必要的驾驶行为和优化行驶路线，有效降低碳排放量。还可以提供更加便捷和个性化的出行服务，使人们更加倾向于使用公共交通、共享汽车等方式出行，进一步减少私家车的使用，从而降低碳排放。

（5）智能家居：数智化技术可以帮助用户更加智能化地管理家庭生活。例如，智能家电可以通过手机 APP 进行控制和操作，用户可以通过手机远程控制家电的开关和调节，从而减少能源的消耗和浪费。同时，智能家居系统还可以根据用户的习惯和生活需求自动调整家庭环境，提高生活的舒适度和节能效果。

（6）绿色办公：数智化技术可以帮助用户更加高效地进行办公。例如，虚拟化技术和云端办公软件可以帮助用户实现远程办公和在线协作，从而减少通勤和会议等环节对环境的负面影响。同时，智能会议室可以通过智能化设备实现节能控制和环保管理。

4.3.2　学科专业与绿色低碳劳动教育的融合推动

学科专业与绿色低碳劳动教育的融合是推动教育创新和发展的重要途径。通过将绿色低碳理念融入各学科专业的教学中，不仅可以加深学生对环保、可持续发展等问题的认识和理解，还可以培养他们的跨学科思维和实践能力。

随着数字化和智慧化发展的兴起，数字化和智慧化成为经济社会发展的重要趋势和方向。通过加强数字化和智能化技术的应用，推动实现绿色低碳生活和社会的可持续发展，受到广泛的关注和重视。特别是以人工智能的广泛应用、区块链技术的应用、云计算的普及、5G 技术的部署等为代表的技术革新融合绿色低碳发展，逐渐形成了数字化碳管理、智能化降碳工艺等一批新兴专业和技术。对于青年学生群体来说，主动投入数智化专业学习的研究和创新，融合推动绿色低碳发展，可以在实现自我价值的同时更好地推动社会的可持续发展。数智化专业与绿色生活的融合推动可以从多个专业方向入手，具体举例如下：

（1）5G 技术与碳管理。通过 5G 网络连接各类能源和资源实现更智能化的管理和调度，减少浪费和排放。例如，在智能交通领域，5G 技术可以实时监测和优化交通流量，减少拥堵和排放；在智能农业领域，5G 技术可以实现精准农业管理，提高农业生产效率。5G 技术促进了新能源和可再生能源的发展。通过 5G 网络连接各类新能源和可再生能源设备，可以实现能源的分布式管理和共享，提高能源的利用效率。例如，在智能电网领域，5G 技术可以实现电网的智能化管理和调度，提高电力输送和分配的效率。

（2）人工智能（AI）与能源控制。AI 技术可以帮助我们更精准地预测和规划能源需求。通过对大量数据进行分析和挖掘，AI 可以预测未来的能源需求，为企业和政府提供决策支持。例如，在电力行业中，AI 可以通过分析历史数据和实时监测数据，预测电力负荷和电量需求，帮助调度中心更好地规划和调度电力资源，提高电力系统的效率和可靠性。例如，在智能建筑中，AI 可以对建筑内的各种设备进行智能化控制，根据实际需求调整设备运行状态，实现节能减排。在智能环保领域，

AI可以通过分析监测数据发现污染源和污染趋势，为政府和企业提供治理方案和决策支持。

（3）物联网技术与碳监测。通过物联网实时监测和收集数据，为能源管理和环境监测提供更准确的信息。通过安装各种传感器和监测设备，物联网可以实时收集各种数据，包括能源消耗、排放量、环境质量等。这些数据可以通过云计算和大数据技术进行分析和处理，帮助企业和政府更好地了解能源和环境状况，制定更有效的管理和治理方案。通过物联网技术连接各种资源，可以实现资源的共享和优化配置。例如，智能停车系统可以通过实时监测和数据分析，实现车位的共享和优化配置，减少寻找车位的时间和油耗，降低交通拥堵和排放。

（4）区块链技术与碳交易。利用区块链技术可以记录和追踪碳排放量、碳交易量和碳信用等信息，确保数据的真实性和可信度。有助于建立透明、高效的碳交易市场，鼓励企业积极参与碳减排，降低整个供应链的碳排放。促进绿色项目的认证和追溯。利用区块链技术可以对绿色项目进行认证和追溯，确保产品的环保属性和生产过程的可持续性。例如，利用区块链技术追溯产品的原材料来源和生产过程，确保产品的环保性能。

除了以上这些交叉融合专业外，传统专业也可通过更新课程内容、改进教学方法和引入绿色理念等方式，体现与绿色低碳劳动教育的密切联系。如工程类专业可通过引入绿色设计、绿色制造、绿色施工等劳动实践环节，引导学生在工程实践中考虑环境因素，推动绿色低碳技术的发展；经济管理类专业通过引入绿色经济、绿色管理、绿色营销等新理论，让学生了解绿色发展的重要性，培养他们的可持续发展思维，学生可以结合专业特点开展企业绿色转型案例分析、绿色产品市场调查等劳动教育实践活动；医学与健康类专业如临床医学、公共卫生、护理学等，通过引入环境与健康、绿色医疗等课程，并融合医院绿色转型实地考察、环保健康知识宣传等劳动教育实践，提升学生的环保意识和实践能力。

值得一提的是，与学科专业的深度融合必须有学生主动参与的身影。无论课程设计多么完善，教学方法多么先进，如果没有学生的积极参与和投入，那么教育的效果将大打折扣。当学生意识到他们可以在自己感兴趣的领域探索绿色低碳知识，并将这些知识应用于实际生活中时，他们会更愿意投入时间和精力去学习。这种内在的驱动力比任何外在的奖励都更持久、更有效。

4.4　大中小学一体化推进

4.4.1　大中小学一体化推进的目的与意义

　　我国高度重视加强青少年绿色低碳生活理念与劳动教育的深度融合。中共中央、国务院于 2020 年印发《关于全面加强新时代大中小学劳动教育的意见》，教育部于 2022 年印发《绿色低碳发展国民教育体系建设实施方案》，不论是国民教育体系建设，还是加强大中小学劳动教育，都体现了绿色低碳生活教育与劳动教育在大中小学一体化建设中的共同目的，也凸显了对青年一代绿色低碳、劳动光荣价值观教育的深远意义。可以说，绿色低碳生活教育与劳动教育两者存在密切的关联性，都致力于培养个体形成绿色、环保、低碳的生活方式和价值观。因此，推动绿色低碳生活教育与劳动教育一体化建设，对培养践行绿色低碳理念、适应绿色低碳社会、以劳动实践引领绿色低碳发展的新一代青少年具有积极的意义。

　　（1）有利于教育资源的整合和优化。大中小学一体化培养能够将不同学段的教育资源进行整合和优化，实现教育资源的共享和充分利用，提高教育资源的使用效率。

　　（2）有利于学生全面发展和个性化成长。大中小学一体化培养能够将学生各个学段的学习过程连贯起来，可以使学生在成长过程中逐步接受更全面、更系统、更多元化的教育，促进学生综合素质的提高，促进学生的全面发展。同时，这种培养模式能够关注学生的个性化需求，满足不同学生的发展需求，促进他们的个性化成长。

　　（3）有利于提高教育教学质量。大中小学一体化培养能够使各个学段的教学目标更加明确，教学内容更加连贯，从而提高教育教学质量。可以使学生更好地了解和掌握绿色低碳知识，提高他们的节约习惯和绿色消费观念，培养他们的劳动环保意识和责任感，促进学生的全面发展和个人成长。

　　（4）有利于培养学生的创新精神和实践能力。大中小学一体化培养注重学生的实践和创新，通过开展各种实践活动和探究项目，培养学生的创新意识和实践能力，提高他们的综合素质。劳动教育强调实践性和创新性，通过引导学生参与劳动活动，可以提高学生的动手能力、实践能力和创新能力，培养他们的创新思维和实践能力。

（5）有利于推动学校教育与社会需求的对接。随着社会的发展，对人才的需求也越来越多样化。通过绿色低碳劳动教育的大中小学一体化推进，可以更好地将学校教育与社会现状和需求对接起来，使学校培养的人才更加符合社会的需求，提高人才的就业竞争力。

4.4.2　大中小学不同阶段的要求

《绿色低碳发展国民教育体系建设实施方案》《关于全面加强新时代大中小学劳动教育的意见》分别从国民教育体系建设维度和大中小学教育轴线提出了大中小不同阶段绿色低碳发展、劳动教育的要求，根据不同阶段的学生特点和教育目标，从普及知识、政策认知、价值认同到实践能力和创新精神的培养，不同阶段的要求是逐步深化和递进的。

（1）知识普及和生活技能的阶梯传授。从基础教育阶段到高等教育阶段，逐步普及低碳知识，培养劳动习惯，提高生活技能和实践能力。在小学阶段，培养动手能力和自理能力，培养爱护植物、节约用水、不乱扔垃圾等初步的环保常识、意识。在中学阶段，理解节能、减排、低碳等概念，完成一定的家务劳动和学校劳动，如打扫教室、种植植物等，养成节约用电、少用一次性塑料袋等行为习惯，培养劳动习惯和技能。在大学阶段，了解我国环境现状及保护环境的意义，结合学科和专业学习"双碳"知识体系，掌握低碳饮食、低碳家居、低碳出行等低碳生活技能。

（2）政策认知和价值认同的理论深化。结合社会发展和国家战略，不断深化对绿色低碳和劳动教育的政策认知和价值认同。小学阶段应了解国家和地方关于绿色低碳生活的相关政策，如节能减排、垃圾分类等，知道这些政策的意义和实施方式，培养初步的价值观念。中学阶段应认识到绿色低碳生活对地球和人类的重要性，形成节约资源、保护环境的意识。大学阶段应深入理解绿色低碳发展的理念，认同其对人类社会可持续发展的价值，树立科学的生态文明观，树立正确的劳动观，增强学生职业荣誉感，将绿色低碳价值观融入自己的职业规划和实践中。

（3）实践能力和创新精神的深度培养。绿色低碳和劳动教育在不同阶段对实践能力和创新精神的要求是逐步提高的。在小学阶段，应注重培养学生的动手能力和实践意识，在日常生活中实践节能减排、垃圾分类等行为，培养绿色环保的生活习惯。在中学阶段，应引导学生通过参加生产劳动、社会实践等活动，增强社会责任感和团队合作意识。通过项目式的综合性劳动实践发现问题、解决问题，提高在应对气候变化、环境问题等方面的能力。在大学阶段，应加强劳动伦理和职业道德教育，引导学生树立正确的价值观和职业观，通过创新项目、创新创业活动等，为推动行业的绿色发展作出贡献。

4.4.3　大中小学一体化推进的路径与策略

大中小学一体化的概念在于构建一个连贯、统一且逐步深化的教育体系，确保学生在不同学习阶段都能获得与其年龄和认知水平相匹配的教育内容，实现教育的无缝衔接和高效推进。在此基础上融入传帮带的理念，特别是强调大学生的引导作用，可以进一步丰富和深化绿色低碳劳动教育的实践。

大学生的引导作用主要体现在以下三个方面：

（1）榜样示范。大学生作为更成熟、更具备专业知识的群体，他们的言行举止往往会对中小学生产生积极的影响。通过参与绿色低碳和劳动教育活动，大学生可以展现出环保意识和劳动精神，成为中小学生学习的榜样。

（2）实践指导。大学生具备更强的实践能力和社会经验，他们可以在实践活动中担任指导者或领导者的角色，帮助中小学生更好地完成任务、解决问题。例如，在环保项目中，大学生可以提供技术支持、方案设计等方面的帮助。

（3）知识传授。大学生可以通过讲座、工作坊等形式向中小学生传授绿色低碳和劳动教育相关的知识。这种传授不仅限于理论知识，还包括实践经验、技能技巧等，有助于中小学生更全面地了解和学习相关内容。

为了实现大中小学一体化推进绿色低碳劳动教育并发挥大学生的引导作用，我们可以采取以下路径：

（1）构建连贯的课程体系。从基础教育到大学阶段，每个学段都设置与绿色低碳和劳动教育相关的课程，并确保这些课程在内容和难度上逐步递进。同时，注重课程之间的衔接和整合，避免重复和脱节。

（2）强化实践环节。在每个学段都设置一定数量的实践活动，如环保项目、社区服务、企业实习等。这些活动应与学生的年龄和认知水平相匹配，并注重实践成果的展示和评价。同时，鼓励大学生积极参与这些实践活动，担任指导者或领导者的角色。

（3）建立传帮带机制。通过组织大学生与中小学生结对子、开展互动交流等活动，建立稳定的传帮带关系。这种关系不仅有助于大学生更好地了解中小学生的需求和特点，还可以促进双方在绿色低碳和劳动教育方面的共同进步。

（4）利用大学生资源。充分利用大学生的专业知识和实践经验，邀请他们参与课程设计、教材编写、活动策划等工作。同时，鼓励大学生在课余时间开展与绿色低碳和劳动教育相关的志愿服务、社会调研等活动，为中小学生提供更多元、更真实的学习资源。

通过以上路径和策略，我们可以将大中小学生的绿色低碳劳动教育有效地串联起来，形成一个有机整体，共同推动绿色低碳劳动教育的深入发展。同时，大学生的引导作用也将得到充分发挥，为整个教育体系注入新的活力和动力。

第 5 章
节能节水与劳动教育

5.1 概述

5.1.1 能源的分类

能源是指能够提供能量的资源。化石燃料，例如煤、石油、天然气等是我们常见的主要能源，此外，还有水能、太阳能、核能、风能、地热能和生物质能这些新型的可再生能源。根据能源的不同特点，可以从不同的角度对其进行分类：

（1）根据能源的形成方式分类。根据其生成的方式，能源可以被划分为一次能源和二次能源。一次能源包括从大自然中直接取得的各种资源，例如煤、石油、天然气、太阳能和水力等。二次能源是一次能源通过加工转换以后得到的能源，例如，电力、蒸汽或者热水所产生的热量，以及像汽油、柴油这样的石油产品。根据一次能源的可再生性，我们还可以将其划分为可再生型和非可再生型。太阳能、水力、风力、地热等属于可再生能源；而像煤炭、石油、天然气等化石燃料，一旦使用过后便会消失，因此它们属于不可再生能源。

（2）根据能源存储特点分类。根据能源的存储特点，可以将其分为过程性能源和载能体能源。其中，过程性能源指的是如风能、流水的动能、太阳辐射能等无法直接存储，只能存在于"过程"中的能源；而载能体能源则指的是各种化石燃料（如煤炭、石油、天然气等）、草木燃料、地下热水等可以直接存储于某种形态物体中的能源。

（3）根据能源开发利用程度分类。依据能源的开发和使用水平，我们可以将能源划分为传统能源和新型能源。传统能源也被称为常规能源，是指已经大规模生产和广泛使用的能源，例如煤炭、石油、天然气等。新型能源是指依赖于先进科技来实现系统性研究和大规模应用的能源，例如太阳能、风能、海洋能、核能等。

（4）根据能源消费过程对人类环境影响的程度分类。据此分类，可以分为清洁能源和非清洁能源。所谓清洁能源，就是那些在制造与应用时不会或极其微量地释放出有毒成分的能源。清洁能源主要有两类：一类是具有再利用性质的，例如水力、太阳能、风力、地热、海洋力等，它们在使用完毕之后都有能力进行修复与补给，同时，它们几乎没有或只有极其微量的排放污染物，因此，这类能源也被称为第Ⅰ类清洁能源。另一类也被称为第Ⅱ类清洁能源，包括无法回收的低排放能源（例如天然气）以及经过净化能源科学方法处理的化石燃料（例如纯净煤、纯净油等）。相反，所谓非清洁能源，是指那些在生产、使用时可能产生大量的温室气体、有毒气体，以及可能破坏环境的液态或固态垃圾的能源，例如，被广泛利用的煤炭、石油等。在使用非清洁能源的过程中会产生大量的污染物，例如，煤炭在燃烧时会释放出大量的二氧化碳、氮氧化物和颗粒物等污染物，同时也会产生大量的固体废弃物，如煤渣等。

5.1.2　我国能源结构现状和发展趋势

我国能源结构现状可以概括为以下几点。

（1）以煤炭作为主导的传统能源。长久以来，煤炭始终是中国的首选能源，并且在所有能源使用中，它的使用量占据了相当大的份额。虽然近些年煤炭的使用量有所减少，但它仍然是能源构成的主要部分。《2023—2024年度全国电力供需形势分析预测报告》显示，2023年的煤电发电量在总发电量中的比例接近六成，这表明煤电依旧是我国电力供应的主要来源。同时，石油和天然气的消费也在逐年上升。由于经济的发展以及人们生活质量的提升，我国对这两种能源的需求也在持续上升。石油和天然气在能源结构中的比重也有所上升，但相对于煤炭和可再生能源来说其比重仍然较低。

（2）我国的可再生能源发展速度非常快。近年来，包括风能、太阳能和水能等在内的各种可再生能源都有所发展。可再生能源在能源结构中的比重逐年上升，成为推动能源结构优化的重要力量。我国持续推进与时代需求相适应的能源发展路径，水电从落后到领先，核电从探索到跻身世界一流，以及当前光伏、风电高速发展，走出了一条特色的能源发展之路。2012 年，三峡全部机组完成并网发电，迄今仍是世界上最大的水电站。《中国核能发展报告（2023）》蓝皮书显示，预计 2030 年前，我国在运核电装机规模有望成为世界第一。同时，清洁能源技术创新取得进展，如光伏技术、风电技术、储能技术等。这些科技的革新与运用，极大地提升了清洁能源的使用效率和经济收益，进一步促进了清洁能源行业的飞速进步。

（3）随着我国经济的稳步发展，对能源的需求也呈现出稳步上升的趋势。这给我国的能源供应和环境保护带来了挑战。同时，我国能源结构正在逐步优化，可再生能源的发展正在成为未来能源结构调整的重要方向。在实现碳达峰、碳中和战略目标的要求下，面对能源供应与需求的新形势以及全球能源发展的新走向，为了确保国家的能源安全，促进能源行业的持久发展，我国正在积极推进能源生产与消费的改革。

一是推动能源消费革命。调整以煤炭作为主要能源的使用方式，增加低碳能源在整个使用量中的占比。大力发展可再生能源，推进以电代煤、以电代气，着力促进能源清洁高效利用，全面落实节能优先战略，指导能源产业结构合理优化。

二是推动能源供给革命。推动能源供应的低碳化改革，致力于提升能源供应的品质和效益，以多样化的能源供应为基础，推动各种能源的相互补充、平衡发展。通盘考虑资源环境约束、可再生能源消耗、能源流转成本等因素，调整能源发展布局和区域转移。

三是推动能源技术革命。能源技术革命是能源革命的动力和核心支撑，着力提升关键技术自主创新能力，加快能源与现代信息技术深度融合，为低碳能源结构优化以及能源互联网建设提供重要基础和技术支撑。

5.2　可再生能源和新能源的利用

5.2.1　认知可再生能源、新能源

面对全球气候环境挑战对社会进步和人类生活的影响，以及石油等化石资源渐趋匮乏所导致的能源危机，能源危机的状况，太阳能、风能、生物质能、氢能、海

洋能等走进人们的视野，作为可再生能源和新能源，其开发和利用成为实现绿色低碳发展的关键途径之一。

从字面上的意思来看，可再生能源就是来源于大自然并且可以再生的能源，其实这也是可再生能源最大的特点。此外，大部分可再生能源都是环境友好的清洁能源。新能源的概念是相对于常规能源而提出的，所谓新能源指的是其开发利用需要进一步技术支撑的能源。新能源既包含可再生能源，也包含核能。下面是常见的几种新能源。

（1）水能：利用水流的力量进行发电的能源。水力发电是水能利用的主要方式，通过建设水坝、水库等设施，将水流转化为电能。

（2）风能：利用风力进行发电的能源。风力发电是风能利用的主要方式，通过风力发电机组将风能转化为电能。

（3）太阳能：利用太阳辐射能进行发电的能源。太阳能光伏发电是太阳能利用的主要方式，通过光伏效应将太阳能转化为电能。

（4）生物质能：利用有机物质进行燃烧或发酵产生热能的能源，如木材、秸秆等。生物质能可用于供热、发电等领域。

（5）地热能：利用地球内部的热能进行发电的能源。地热发电是地热能利用的主要方式，通过地热发电机组将地热能转化为电能。

（6）核能：由于改变原子核的内部构造而产生的能量。核能的释放有两种方式：裂变和聚变。除了核裂变与核聚变释放的能量有所区别，它们的主要区别还在于核裂变堆会产生巨大的核辐射，对人体造成伤害，并且，由此产生的核废物处理起来相当困难。而核聚变的辐射量却大大减少，其燃料来自海洋，可以说是无穷无尽、用之不竭的。

5.2.2 主要可再生能源、新能源及其利用

1. 水能

在人类生活的地球上，水的蕴藏量非常丰富，在地球表面有大于 2/3 的面积被水覆盖。海洋的波涛起伏、河流的昼夜循环以及河流的起伏，都蕴含着丰富的活力和能量。在能量的视角下，水的运动会产生动能，而当水从高处流出时也会产生动能和重力势能。水能主要是指自然界中存在的水的势能和动能。广义上的水能资源涵盖了河流水能、潮汐能、波浪能、海流能和潮流能等，其中，潮汐能、波浪能等

视为新型能源的选择。狭义上，水能资源则主要指的是河流水能。水力发电是利用水流能量转化为电能的原理进行的。水力发电是我国可再生能源的重要组成部分，也是我国能源结构优化的重要措施之一。

水能发电的方式主要有以下几种：①传统的水力发电设施，它是通过自然的河流、湖泊等资源来供电的；②抽水蓄能电站，它是一种特殊类型的水力发电站，其原理是利用电力系统中多余的电能将下水库的水抽到上水库中，当需要时再将上水库的水放下并通过水轮机发电，将水的势能转化为电能；③潮汐发电站，它是通过利用海浪的涨落产生的潮汐能来发电的。

2. 风能

中国拥有丰富的风能资源，并且存在着极大的挖掘空间。中国的风力发电资源主要集中在"三北"地区、东南沿海地区和一些内陆地区。其中，"三北"地区的风能资源在全国最为丰富，浙江南部、福建以及广东东部的海洋风能资源丰富，且都靠近电力需求的核心。尽管海洋风能的开采费用相对较多，但其发电效率却非常高。根据其应用环境和特性的差异，风能可以被划分为陆上风能和海上风能。

（1）陆上风能是指利用陆地上的风能资源进行发电，通常是在地面上建立风力发电机组和支架，利用风能带动发电机转动，从而产生电能。陆上风能发电具有较为成熟的技术和较低的成本，适用于土地资源丰富、风能资源较为稳定的地区。

（2）海上风能则是指利用海洋上的风能资源进行发电，通常是在海上建立风力发电机组和支架，利用风能带动发电机转动，从而产生电能。海上风能发电具有风速高、风力稳定、土地资源少等优势，适用于海上风电场的建设。海上风电的建设和维护成本较高，需要考虑海洋环境的因素，如海浪、潮汐、海洋气象等。

3. 太阳能

我国的太阳能资源具有巨大的开发和应用潜力，总体上而言，西藏、青海、新疆、内蒙古等地的太阳辐射能量最为充足，是太阳能资源丰富的重点区域；四川、贵州、广西、湖北等地的太阳辐射总量相对较低，是太阳能资源较为匮乏的地方。

我国太阳能利用技术主要有太阳能热水技术、太阳能热发电技术、太阳能光伏技术。太阳能的利用方式主要有以下几种。①太阳能热水器：这是最常见的利用方式，通过太阳能集热器将太阳能转化为热能，提供热水和采暖等服务。②光伏发电：利用光伏效应将太阳能转化为电能，然后通过并网或独立运行的方式供应电力。

③建筑—体化光伏发电：将光伏发电与建筑相结合，实现建筑物的节能和自给自足的电力供应。④风光互补路灯：利用风能和太阳能互补的原理，为道路照明提供稳定的电力供应。⑤风光储能发电系统：将风能和太阳能转化为电能并储存起来，以备不时之需。⑥移动能源：利用太阳能为移动设备提供电力供应，如太阳能手机、太阳能汽车等。

4. 生物质能

生物质能是一种将太阳能转化为化学能并储存在生物质内的能量，也就是说，这种能量是通过生物质来传递的。这种能量的产生主要依赖于绿色植物的光合作用，并且有可能被转变成日常的固体、液体以及空气等形式的燃料，其储存量巨大且使用方便，因此被视为一种永久性的可再生能源，并且这种能源也被认定为全球唯一的可再生碳源。生物质能可以在生物质发电、生物质成型燃料、生物质燃气以及生物质液体燃料等领域得到应用。

生物质能资源主要包括以下几类。①农业生物质能资源：包括农作物秸秆、农业加工剩余物、农业废水和畜禽粪便等。其中农作物秸秆和农业加工剩余物是农业生物质能资源的主要来源。值得注意的是，在野外露天进行秸秆焚烧对环境有害。②林业生物质能资源：包括森林生长和林业生产过程中提供的生物质能源，如薪炭林、在森林抚育和间伐作业中的零散木材、残留的树枝、树叶和木屑等。③生活垃圾和有机废弃物：包括城镇居民生活垃圾、农业废弃物、畜禽粪便和有机废水等，这些废弃物中含有丰富的有机物质，可以通过生物发酵等过程产生沼气等生物质能资源。

5.2.3　节能减排

在能源问题日益激化和尖锐的如今，节约能源资源、保护环境已成为全世界人民的共识，许多国家正在大力推进节能工作。《中华人民共和国节约能源法》第三条对"节能"的定义为：节能是指加强用能管理，采取技术上可行、经济上合理以及环境和社会可以承受的措施，从能源生产到消费的各个环节，降低消耗，减少损失和污染物排放，制止浪费，有效、合理地利用能源。由此可以说，节能减排越来越受到重视。

简而言之，节能减排意味着节省资源、削弱资源使用以及降低废气排放。节能减排包括节能和减排两个方面。

节能：指采取各种技术手段实现节约能源的目的。换句话说，就是根据能源使用的状况和种类来分析能源消耗的现状，寻找出降低能源浪费的可能性，并实施相应的策略来减少能源的浪费，以实现节约能源的目标。按照所需的节能方式，现在已经采用的节能方法包括节电、节煤、节油、节水和节气等技术，还包括对工艺进行改良的节能方法。按照节能技术的分类，针对各种能源种类和能耗系统，节能技术的使用范围包括家庭能源节约、工业能源节约、大型建筑节约、城市设施节约以及交通运输节约。

减排：指的是减少工业生产中的污染物的排放，包括减少"三废"——废气、废水、固体废弃物的排放。工业废气，即指在燃料的燃烧和工业制造过程中释放出的有害气体，例如二氧化碳、硫化氢、氮氧化物等。工业废水是指在制造过程中形成的废弃物，可以被划分为制造废水和冷却废水。工业废水中常常含有大量的有害物质，例如重金属、强酸、强碱、有机化学毒素、油类污染物和放射性毒素等。

节能减排的主要途径如下：

（1）结构性节能减排。我国重化工业在经济结构中比重偏大，加之其单位 GDP 能耗居高不下，是我国结构节能的重点。稳定第一产业，优化第二产业，发展第三产业，是我国经济结构转型优化的重点。

（2）技术性节能减排。就是运用技术手段，改进生产工艺流程、提高用能设备效率，达到提升工业生产能效的目的。比如更换 LED 灯、采用电动机变频调速技术等都能够降低电能的消耗。

（3）管理性节能减排。管理性节能减排一般具有投入少、节能收益大等特点。主要包括以下内容：一是加强能源计量，准确掌握各类能源的消费情况；二是完善制度建设，形成合理用能与评价考核的管理机制；三是强化人员培训，包括能源基础知识、能效评价方法、能源管理标准等。

5.3　校园能源管理与节能生活方式

5.3.1　校园主要能源使用

学校在节能减排方面具有重要地位和作用。学校是能源消耗的重要主体之一，因此可以有效地推进节能减排工作，为建设绿色校园、低碳社会作出积极贡献。同时，学校也应该成为节能减排的宣传者和引领者，通过教育和宣传活动向社会传递节能减排的理念与价值，引导更多人参与到节能减排的行动中来。

校园的主要能源使用包括以下几个方面。

（1）电力：用于照明、供暖、制冷、通风、设备运行等。

（2）热量：主要被应用在学校的冬季供暖、餐厅的烹饪、学生洗澡的水源、日常的热饮品等方面。

（3）水能：主要用于学生生活用水、教学实验用水、消防用水、绿化清洁用水等。

（4）燃气：用于食堂炊事和热水供应等。

（5）燃油：主要用于校车和实验室设备等。

为有效地提高校园能源管理水平，实现节能减排的目标，建设绿色学校，加强校园能源管理可以从以下几个方面入手。

（1）建立完善的能源管理体系。学校应成立能源管理领导小组，明确责任分工，制定相关管理制度和考核办法，确保能源管理工作的有效开展。同时，需要建立能源管理档案，对各种能源使用进行统计和分析，及时发现问题并解决。

（2）加强节能宣传教育。学校可以通过开展节能宣传活动、举办节能知识讲座、制作节能宣传海报等方式，提高师生员工的节能意识和节能知识水平，形成节能的良好氛围。

（3）推进节能改造和新技术应用。学校应积极推广节能新技术、新设备、新产品，加强节能改造和升级工作，提高能源利用效率。例如，采用高效节能灯泡、安装太阳能热水器、推广使用节能空调等措施。

（4）强化能源消耗监测与统计。学校应建立能源消耗监测与统计制度，定期对学校能源消耗情况进行监测和统计，及时发现和解决能源浪费问题。

（5）加强监督检查和考核评价。学校应加强对能源管理工作的监督检查和考核评价，确保各项措施落实到位。同时，应将节能减排工作纳入学校工作计划和目标责任考核体系，建立健全激励约束机制。

（6）注重节能减排的宣传教育和科学实践。学校作为人才培养的摇篮，应该发挥自身优势，通过课程设置、实验实践等方式，引导学生参与节能减排的实践和创新，培养他们的环保意识和创新能力。

5.3.2　校园能源改造和管理

校园节能与能源利用对于提高校园能源利用效率、降低能源消耗具有重要的意义，校园节水、节电、节能的合理改造和智慧管理是当前建设绿色低碳校园的主要途径和措施。

1. 节水与水资源合理配置

学校的学生公寓、教育大楼、办公楼、图书馆等建筑内都可以使用节约用水的设备，例如感应式水龙头。在食堂中也应根据具体情况选择适当的节水设备，在校园的绿化灌溉中可以采用滴灌、微灌和渗灌等节约用水的方法。针对已经在学校里建立的供水设施，应该立即进行修复和补充，以减少管道的破损率。

水资源的有效运用涉及降雨、土壤、地下以及"中水"的适当分布，需要对其数量、品质、供应以及排放进行整体的策略性管理。根据高品质高效用和低品质低效用的原则，制订水系统计划。优化供水与排放体系，实现雨水与废水的分离，并进行循环利用。减少地表径流的数量以及其覆盖的区域，最大限度地使用如绿化带、排水系统、路面设施等来吸纳雨水。根据用水的品质要求，进行水资源的开发和分级处理再利用，降低纯净水的消耗，设立节约用水的准则，并适当地安排用水的测量表。

2. 节电与智慧化用电监管

用电是学校能源消耗的主要构成部分。校园节能的主要方式就是使用节能灯具。我们可以在学校、商务中心、图书馆等场所设立光感应供电系统，并依据房间各个角落的光源强弱，实现对灯光亮度的自我调节。在某些无须强烈光照的区域，感应器能够自动关闭灯光或减少灯光的输出功率。此外，还可以在教室内部设置红外线感应器，并依据室内的人数和分布状况来调节室内的光线强度。当没有热源来发射红外光时，感应设备将自动切断电力供给。

数字化、智慧化运用于校园用电监管。通过预设的规则和算法，自动控制和调整用电设备的运行状态和能耗参数。例如，根据设备的运行情况和能耗数据，自动调节设备的温度、湿度、光照等环境参数，以及自动关闭或开启设备等。实现校园水电监测，实现能耗数据的分类分项采集、存储和分析，通过统一的控制中心的调度，最大限度达到节能、高效、低碳的目标。

3. 节能与新技术的应用

在校园中也可以实施新能源和技术的开发应用。通过建设太阳能光伏发电系统、太阳能热水系统、太阳能照明系统等应用场景，可以促进校园的可持续发展和绿色发展。①太阳能光伏发电系统的建设。在校园内建设太阳能光伏发电系统，利用太阳能电池板将太阳能转化为电能，满足校园内部分用电需求，降低电力消耗和碳排放。②太阳能照明系统的推广。利用太阳能路灯、太阳能草坪灯等照明设备，实现校园内道路、草坪等区域的照明，节约电力，同时提高夜间安全。③建筑一体化光伏技术。将光伏板与建筑相结合，如光伏瓦、光伏幕墙等，实现建筑外观与光伏发电的完美结合，既能满足建筑美学需求，又能降低能耗。

5.3.3 节能低碳的生活方式

在生活中也有许许多多节能低碳的方式，需要我们在日常生活中不断积累和实践。通过合理环保的生活方式和节约的习惯，为保护生活环境和自然生态作出积极的贡献。同时，这些技巧也可以帮助我们提高生活质量，让生活更加健康、有序和舒适。

一是低碳节水的生活方式，主要涉及节约用水和合理使用水资源。

（1）合理使用水资源。在日常生活中注意节约用水，比如洗手、洗脸后及时关掉水龙头，刷牙时关闭水龙头。尽量减少洗涤剂的使用，以减少水污染。洗手、洗脸、刷牙等日常洗漱时可以关闭水龙头，避免长时间流水。利用雨水进行浇花、冲厕所等日常用水，减少自来水的使用。尽量将可循环利用的水进行收集和处理，比如洗衣水、洗碗水，可用于浇花、冲厕所等。

（2）使用节水器具。使用节水型器具，比如节水马桶、节水洗衣机等，这些器具能够有效地减少用水量。更换旧式的旋转式水龙头为节水型，选择使用节水马桶和节水洗衣机等节水设备。在洗澡时用沐浴液或香皂擦洗身体，可以关闭淋浴喷头，减少用水量。

二是低碳节电与生活方式，主要涉及节约用电和合理使用电力资源。

（1）节能电器。挑选节能家用电器时优先考虑那些具有较高的能源效率和环保特性的产品，例如，LED 灯、高效的空调和智能化的冰箱。这些电器不仅耗电量更低，还能提高使用体验。

（2）电器使用。在使用电器时要注意使用方法和时间。比如：减少电视、计算机等设备的待机时间，不用的时候及时关闭；合理调节空调温度，避免无谓的能源消耗；拔掉不使用的电器插头，避免能源浪费。

（3）智能控制。利用智能家居技术，比如智能插座、智能家居控制器等，对家电设备进行智能控制和管理。通过手机、平板电脑等设备远程控制家电设备，实现智能化管理。

三是低碳生活与节气方式，主要涉及节约用气和合理使用燃气。

（1）选择合适的厨具。选择购买燃气设备时应优先考虑高效且节能的产品。保持厨具干燥，锅底、壶底如果残留水分，也有可能造成燃气浪费。在使用之前，先清理掉锅和壶表面的水渍，这样可以让热能更快地传递到锅（壶）内。为了预防泄漏和跑气，要经常进行维护和保养。同时，应经常检查与灶具相连的燃气胶管的两头，确认它们被妥善地固定住，以防止由于松动或者掉落而导致事故。如果发现燃气管道老化、出现裂痕、被鼠咬等，应立即替换，并建议采用不锈钢金属波纹软管。

（2）高效率使用厨具。将风扇进行微调，以便使天然气能够完全燃烧。同时，可以对燃气炉的风扇进行微调，并且要定时去除炉膛内部的灰尘，以此来保持炉子的干净和空气流动的流畅，从而确保有足够的氧气供应。此外，在烹饪过程中如果火焰明亮，可以一炉多眼同时使用，以节省燃气和时间。可以提前准备好所需的食材，避免使用空灶。此外，将火焰的分布范围与锅底保持水平也是充分燃烧、节约燃气的一种方式。

（3）选择低碳烹饪方式。选择低碳的烹饪方式，比如蒸、煮、烤等，避免油炸、煎炒等高耗能的烹饪方式。在厨房中使用节能型灶具和厨具，比如电磁炉、节能锅等。注意节约燃气，合理调节火候。避免长时间加热食物：长时间加热食物会造成能源浪费。尽量减少蒸、煮、炖等加热方式的时间。

5.4　面向节能节水的劳动教育实施路径

节能节水是践行绿色低碳生活理念的重要方式之一。推广节能节水知识、培养人们的节能节水意识、引导人们积极参与节能节水实践，对于保护地球环境、促进可持续发展具有非常重要的意义。而劳动教育作为一种培养学生实践能力和劳动精神的教育方式，可以帮助学生更好地理解和实践节能节水的理念，同时也可以将节能节水的知识融入日常生活中，形成一种良好的生活习惯。面向节能节水的劳动教育实施路径可以从以下几个方面着手：

（1）开展节能节水知识和劳动行为规范的普及。将节能节水的劳动教育融入课堂教学，在学校课程中加入与节能节水相关的内容，如环境科学、可持续发展等。通过课堂教学，让学生了解节能节水的基本知识和方法。结合实际案例，让学生分析并讨论如何在日常生活中采取节能节水措施，提高他们的实际应用能力。如开展水资源调查，调查学校或社区的水资源使用情况，了解哪些环节存在浪费，并提出节水建议。加强学生日常行为规范引导。制定校园节能节水行为规范，如关闭电器设备、节约用水等，引导学生养成良好的节能节水的劳动生活习惯。

（2）加强节能节水校内实践和劳动活动的推广。在学校实验室或实践基地中设立节能节水实践区，让学生亲自动手进行节能节水设备的安装、调试和运行，如修理漏水的水龙头、安装节能设备、参与水资源收集和利用等，培养他们的实践操作能力。组织参与节能节水的改造实践项目，如更换节能灯泡、安装节水龙头等，并监测改造后的节能节水效果。通过参与这些活动，让学生更加深入地了解节能节水的方法和技巧，提高他们的动手能力和解决问题的能力。同时，通过实践活动还可以更加直观地感受到资源浪费和环境破坏的影响，从而增强他们的环保意识和责任感。

（3）注重节能节水校园宣传和劳动氛围营造。通过校园广播、宣传栏等方式，利用校园社交媒体等平台，如微信公众号、微博等发布节能节水信息和活动。定期宣传节能节水知识，提醒学生关注环境问题，培养他们的环保意识。定期举办节能节水主题的校园文化活动，如节能节水周、环保创意大赛等，鼓励学生积极参与，倡导节能节水的低碳生活方式。同时，还可以鼓励学生自发成立节能节水社团，开展相关活动，培养学生的自主性和积极性。组织学生积极参加学校的节能节水志愿服务行动，例如定时对水电设备进行检查，以及普及节约用水的相关知识。鼓励学生自发组成节能节水劳动小组，定期开展节能节水实践活动，形成良好的劳动氛围。

（4）组织参与节能节水企业的社会项目和创新项目。参观节能节水示范项目或企业，让他们了解节能节水技术在实际应用中的效果，增强他们的实践认知。鼓励学生参与社区节能节水活动，如参与社区节能节水行动，宣传节能节水知识，帮助居民检查家庭节能节水情况等，培养学生的社会责任感和公民意识。此外，在节水实践中学生可能会遇到各种问题和挑战，比如，如何更有效地收集和利用雨水、如何降低家庭用水量等。这些问题可以激发学生的创新思维和解决问题的能力，使他们在劳动中不断成长和进步。如结合专业知识，参与项目设计和制作节水器具，可尝试改进或制作一些节水器具，如节水龙头、节水马桶等，并测试其节水效果。设计并制作雨水收集系统，将收集的雨水用于植物灌溉、清洁等。

（5）设计节能节水劳动行为的评价与反馈体系。建立节能节水行为的评价体系，对学生的节能节水行为进行定期评估和反馈，激励他们持续参与节能节水实践。制定具体、可衡量的节能节水劳动行为评价标准，如节能设备的安装数量、节水措施的实施效果等，以便客观评价学生的劳动行为。设立节能节水奖励机制，表彰在节能节水方面表现突出的学生或团队，树立榜样，带动更多学生参与到节能节水的行动中来。

——— 第 6 章 ———
爱粮节粮与劳动教育

6.1 概述

6.1.1 爱粮节粮的重要意义

民以食为天。粮食不仅是人类生存的基本物质条件，更是社会稳定和经济发展的基石。粮食的充足供应能够保障人民的基本生活需求，维护社会稳定。粮食产业也是国民经济的重要支柱，对于促进农村经济发展、增加农民收入、推动工业化进程等都具有重要意义。

在全球化的今天，粮食安全问题已不再是单一国家或地区的议题，而是全人类共同面临的挑战。由于城市化、工业化的快速推进，大量优质耕地被转为非农业用途，导致全球耕地面积持续减少。同时，水资源短缺问题也日益凸显，许多地区由于过度开采或不合理利用水资源，导致地下水位下降，河流干涸，农田灌溉困难。再加上气候变化的影响，极端天气事件频发，粮食生产面临的不确定性因素大大增加，全球粮食供给面临严峻挑战。

与此同时，粮食浪费的情况也触目惊心，联合国粮农组织统计显示，全球每年约 1/3 的粮食被损耗和浪费。中国农业科学院发布的《2023 年中国食物与营养发展报告》指出：我国每年浪费食物达 4.6 亿吨，其中损耗浪费率最高的食物是蔬菜，达到 34.4%。其中，在生产及后处理环节和消费环节的损耗与浪费占总量的 76%。

爱粮节粮是中华民族的传统美德。在古代人们就意识到粮食的珍贵和节约的重要性。《悯农》中的"谁知盘中餐，粒粒皆辛苦"，深刻体现了古人对粮食的敬畏之心和节约粮食的深远意义。在现代社会，爱粮节粮仍旧是公民应有的行为准则。即使今天的物质生活相较从前有了极大的改善，我们仍要有"吃饱不忘饥寒、丰年不忘灾年、增产不忘节约、消费不能浪费"的意识。

党的十八大以来，习近平总书记多次对制止餐饮浪费作出重要指示批示，强调坚决制止餐饮浪费行为，切实培养节约习惯，在全社会营造浪费可耻、节约为荣的氛围。2021 年 4 月，《中华人民共和国反食品浪费法》正式施行，同年 10 月，中共中央办公厅、国务院办公厅印发《粮食节约行动方案》，各地区各有关部门通过出台相关文件，开展"光盘行动"等，大力整治"舌尖上的浪费"。2023 年 12 月 29 日，第十四届全国人民代表大会常务委员会第七次会议通过《中华人民共和国粮食安全保障法》，自 2024 年 6 月 1 日起施行。一系列国家层面的重要举措，让粮食安全观念深入人心，让爱粮节粮在全社会蔚然成风。

1. 从国家安全层面看

保障国家粮食安全是有效防范和抵御各类风险挑战、推动经济持续发展、保持社会长期稳定的重要基础，提高粮食利用效率是确保国家粮食安全的关键。通过减少粮食在生产、加工、运输、储存和消费等环节的浪费，更加有效地利用有限的粮食资源，满足更多人的食物需求。通过积极落实"谷物基本自给、口粮绝对安全"的新粮食安全观，进一步稳定国内粮食市场，减轻对国外粮食市场的依赖，从而降低外部风险对国家粮食安全的影响。对于个人和家庭而言，在日常生活中减少粮食浪费不仅可以降低生活成本，还能提高生活质量。通过合理规划饮食、避免过量购买和科学合理加工、烹饪等方式，减少浪费，使每一粒粮食都发挥出其最大的价值。这不仅是对个人和家庭经济的贡献，更是对中华民族传统美德的延续和传承。

粮食安全和节约粮食与绿色低碳发展之间存在着紧密的联系。粮食是人类生存和发展的基础，而绿色低碳发展则是实现可持续发展的必然选择。在粮食生产过程中，绿色低碳技术的应用和推广对于保障粮食安全、促进农业可持续发展具有重要意义。

（1）绿色低碳技术有助于提高粮食生产效率。通过采用先进的种植技术、节水灌溉、精准施肥等措施，可以减少农业生产过程中的资源消耗和环境污染，提高土地利用率和粮食产量。这不仅可以满足人们对粮食的需求，还可以减轻对土地资源的压力，为未来的粮食生产留下更多的发展空间。

（2）绿色低碳发展有助于保护生态环境。农业生产过程中产生的废弃物、农药残留等对环境造成了一定的污染。通过推广绿色低碳技术，如生物农药、有机肥料等，可以减少对环境的污染，保护生态系统的稳定性和多样性。这对于维护粮食生产的可持续性至关重要。

（3）绿色低碳发展还有助于应对气候变化带来的粮食安全挑战。全球气候变暖对农业生产产生了深远的影响，如极端天气、病虫害频发等。通过推广耐候作物品种、改进耕作方式等措施，可以增强农业生产的抗逆能力，减少气候变化对粮食生产的影响。

因此，在保障粮食安全和杜绝粮食浪费的同时，我们必须注重生态环境保护和可持续发展，推动绿色低碳技术在农业生产中的应用和推广。这将有助于构建人类命运共同体，实现全球共同繁荣和可持续发展。

在日常生活中，粮食的浪费通常来源于四个方面。①餐饮消费中的浪费。随着生活水平的提高，人们在餐饮消费中更加注重口味和体验，容易点过多的菜品，导致吃不完而浪费。此外，在一些节庆性质和招待性质的餐饮安排中，主人或主办方往往存在"菜点的越多，越显得尊重"的想法，使得餐桌上的菜肴"供大于求"，导致大量剩余食物被丢弃。②食材采购引起的浪费。很多家庭在购买食材时缺乏计划性，经常因购买过多而导致过期变质。在烹饪过程中，由于掌握不好分量或者菜品口味不佳等原因也会导致一部分食物被浪费掉。在学校等公共食堂，管理者难以准确预估每天的就餐人数和每个人的口味喜好，为了避免餐品不足，往往会过量采购和备餐，一旦实际就餐人数少于预期，或者菜品不受欢迎，就会导致食材和餐品的浪费。③粮食运输和储存环节的浪费。由于设备、技术和管理等方面的原因，粮食的运输和储存环节会产生一定的损耗。比如：长途运输时的天气变化，突如其来的暴雨、高温或严寒都可能使粮食受潮、发霉或变质。特别是在一些交通不便、基础设施落后的地区，粮食在运输途中遭受损失的风险更大。在储存环节，如果粮食储存的仓库设施陈旧、环境潮湿或温度控制不当，就容易导致粮食发霉、变质或生虫。而粮食在入库时没有进行严格的检验和分类存放，就可能导致不同品种、不同质量的粮食混在一起，从而影响其整体品质，这也是造成储存环节浪费的主要原因。④食材加工环节的浪费。因设备陈旧、技术落后导致的加工效率低下会产生大量的边角料、残次品和损耗。例如，一些切割设备可能无法精确控制食材的大小和形状，导致大量不符合要求的边角料被丢弃；此外，如果食品加工过程中缺乏自动化和智能化技术，就需要大量的人工操作，这不仅增加了劳动力成本，还容易因为人为失误而导致浪费。管理不善也是食品加工环节浪费的重要原因，在餐饮机构和公共食堂，因缺乏有效的管理制度和监督机制产生的食材保存不当、菜品制作不规范等现象而导致的浪费并不少见。此外，食品加工环节产生的可食用"边角料"往往会被当作垃圾丢弃，看似量小，但面对大型餐饮企业和公共食堂的可观数量，引发的浪费也不容小觑。

2. 从个人和家庭层面看

这个层面的浪费行为往往容易被忽视，但点滴浪费如"指间流沙"，积少成多，更容易造成严重的浪费现象。比如偶尔买多了食材没来得及吃就变质了，或者烹饪时把握不好分量导致剩菜剩饭等，这些看似微不足道的行为，如果累积起来，其浪费程度也十分惊人。

以上这些原因产生的粮食和食材方面的浪费不仅造成了经济损失，更对绿色低碳社会建设产生了负面影响。粮食生产、加工、运输等环节本身是碳排放的一个重要来源，包括化肥、农药的生产和使用，以及农业机械的运作等。浪费粮食意味着这些为生产粮食而产生的碳排放没有得到有效的利用，从而造成了资源的浪费和环境的负担。此外，粮食浪费行为使得为生产粮食而投入的资源无法得到有效利用，导致资源利用效率低下。毋庸置疑，餐桌上被浪费的粮食最终大概率会成为废弃物，这些废弃物的处理需要耗费额外的能源和资源，并可能产生环境污染。因此，开展爱粮节粮行动不仅是响应国家粮食安全观的要求，也是推动绿色低碳转型、助力实现"双碳"目标的重要举措。

对于学生而言，从小培养爱粮节粮的意识和习惯不能仅仅停留在口号或一时兴起的念头上，而应该成为日常生活中持续实践的理念。

6.1.2　爱粮节粮与劳动教育的内在联系

劳动教育是培养学生爱粮节粮意识和习惯的有效方式。它所承载的身体力行特点，在开展爱粮节粮教育中发挥着不可替代的作用。

一方面，劳动教育的实践性使学生能够亲身参与并深刻体验粮食生产的全过程。粮食的生产过程不仅仅是土地的耕耘和种子的播撒，它更是一个充满辛勤付出和精心管理的过程。从土地的翻耕、种子的选择，到肥料的施用、病虫害的防治，再到最后的收割和加工，每一个环节都需要付出大量的劳动和心血。即使是农业机械化普及的今天，农业劳动的形式发生了显著变化，农民不用再像过去"面朝黄土背朝天"，但劳动的本质没有变，粮食生产过程仍旧需要辛勤付出、精心管理以及对自然环境的依赖。学生通过劳动参与农业生产环节，能够亲身感受到农民的艰辛和粮食的来之不易。这种亲身体验式的教育方式比单纯的课堂讲解更加生动、直观，更能触动学生的内心，使学生真正意识到粮食的珍贵和节约的重要性。

另一方面，通过爱粮节粮主题的劳动教育实践，不仅能了解到农业生产的艰辛，更能够感受到农民对社会的贡献，有助于培养学生的社会责任感和对粮食的感恩、敬畏之心，成为养成珍惜粮食、节约粮食终身习惯的强大动力。

此外，在参与爱粮节粮行动的过程中，学生还能通过劳动实践与专业知识的深度结合，探索并尝试新的方法和技术来提高粮食生产的效率和质量，培养创新意识和协作能力。

因此，劳动教育不仅为爱粮节粮行动提供了重要的实践平台，爱粮节粮行动也进一步丰富了劳动教育的内容，推动了劳动教育与专业建设的深度融合。

6.2 传统食育文化与绿色低碳饮食

6.2.1 中国传统食育文化与爱粮节粮

食育，即饮食教育，是指通过各种形式的教育活动，使人们掌握有关饮食的知识和技能，在饮食文化中养成良好的饮食习惯，提升个人修养。传统食育文化是中国悠久历史文化的重要组成部分，它包含了丰富的饮食哲学、饮食礼仪和饮食健康理念。

在中国传统文化中，食育强调"天人合一"的观念，即人与自然和谐相处，饮食需要顺应自然规律。这种观念体现在食材的选择、烹饪方法、饮食的时间等方面。比如，春天是万物复苏的季节，各种蔬菜水果开始丰收，人们应多吃一些清淡的食物，如绿叶蔬菜、春笋等，以帮助身体排毒、调养生机。到了寒冷的冬天，人们可选择一些滋补的食物，如羊肉、红枣、枸杞等，来增强身体的抵抗力。这种顺应自然的食材选择方式不仅能确保应季食物的新鲜与营养，更让人们在品尝美食的同时感受到大自然的韵律和恩赐。

中国传统食育文化还强调饮食的节制和平衡。在古代，人们注重饮食的定时定量和食物的搭配。古人认为，饮食过多或过少都会对身体造成损害，而合理的饮食搭配则能够保持身体的平衡和健康。《论语》中说到"肉虽多，不使胜食气"，即肉类食物虽好，但也不应超过主食的摄入量，以保持饮食的平衡。古人提倡"食饮有节"，即饮食要有规律，不可暴饮暴食，注重营养均衡。同时，还提倡根据季节和身体状况调整饮食，如春季宜食清淡以养肝、冬季宜食温热以养肾等。宋代文豪苏东坡不仅诗文俱佳，对饮食也有独到见解。他注重食物的天然滋味，反对过度调味和加工。在他的诗文中经常提到自己亲自下厨烹饪，享受简单而美味的食物。这种追求自然、节制的饮食方式体现了古人对健康生活的向往。

在现代社会中，这种节制和平衡的饮食观念仍然具有重要意义。随着生活水平的提高和饮食选择的多样化，人们往往容易过量摄入高热量、高脂肪和高糖的食物，导致肥胖和各种慢性疾病的发生，且有年轻化的趋势。在传统食育文化中汲取养分，让我们更为清楚地认识到，合理安排饮食不仅是保持营养平衡和身体健康的重要生活方式，更是节约粮食的行为准则。

在饮食安排上古人注重"食不厌精，脍不厌细"，即在保证营养的前提下尽量减少食物的浪费。他们善于利用各种食材，即使是边角料或者剩余的食物也能通过巧妙的烹饪手法变成美味佳肴。宋代著名的理学家和教育家朱熹提倡"适可而止"的饮食原则，认为饮食应该适量而止，不可过度。他强调"饥而食，渴而饮；食不多肉，饮不多酒"，即只有在饥饿时才进食，口渴时才饮水；而且食物中不应过多地添加肉类和酒类。在朱熹看来，过度饮食不仅会损害身体健康，还会造成粮食的极大浪费。在古代的一些文献记载中，我们也可以看到关于节约粮食的智慧和经验。明代著名的医药学家李时珍在《本草纲目》中不仅详细记载了各种草药的药性和功效，也对食物的营养价值和食用方法进行了深入研究。他强调饮食应该多样化，以获取全面的营养；同时，他也反对暴饮暴食和偏食挑食，认为这样不仅会损害身体健康，也会造成粮食的浪费。此外，在《齐民要术》等农书中也详细记录了各种农作物的种植方法和粮食的储存技巧，旨在提高粮食产量和减少浪费。这些传统的智慧不仅为当时的农业生产提供了指导，也为后世的食育文化留下了宝贵的财富。

中国传统食育文化中的饮食礼仪也体现了古人爱粮节粮的理念，对现代餐饮文化有着重要的借鉴意义。《礼记·曲礼》中详细记载了古时宴席上的礼仪规范，如

"共食不饱，共饭不泽手，毋抟饭，毋放饭，毋流歠，毋咤食，毋啮骨。毋反鱼肉，毋投与狗骨。毋固获，毋扬饭，饭黍毋以箸，毋嚃羹，毋絮羹，毋刺齿，毋歠醢"。这些礼仪强调了在用餐过程中要保持端正、文雅的态度，避免浪费食物。虽然现代社会的许多餐饮场合已经不再沿用某些烦琐的礼节，但秉持尊重食物、珍惜粮食的道理却一脉相承。这也提醒今天的人们要学会适量取食和文明用餐。

食物美学也是中国传统食育文化的重要组成部分。中国的餐饮文化不仅讲究味道，还注重美感。尤其在食材的选择、刀工的处理、菜品的摆盘等方面都体现了对美的追求，不仅提升了食物的味道，也丰富了人们的饮食体验。传承食物美学观念，可以引导人们更加深入地了解和欣赏中国传统食育文化的独特魅力和价值所在，而爱粮节粮的理念自然也成为食物美学中的重要一环，体现了对食物的尊重和对资源的珍视。这不仅是一种生活方式，更是一种审美追求。通过合理的美学设计与应用，不仅能使人们在品尝美食时欣赏到食物的色、香、味、形之美，还能感受到背后所蕴含的辛勤劳动和对自然的敬畏之情，从感官体验上升到心灵共鸣，从而更加珍惜每一口食物，更加自觉地践行爱粮节粮的理念。

6.2.2　中国传统食育文化与劳动教育

中国传统食育文化作为中华优秀传统文化的重要组成部分，蕴藏着丰富的劳动教育内涵，是青年学生开展爱粮节粮行动的重要载体。

作为中国古代农耕文化的瑰宝，节气不仅仅是时间的划分，更是一种生活的节奏和文化的传承。在漫长的历史长河中，古人根据对自然的观察和理解将一年划分为二十四个节气，每个节气都有其特定的气候特征、农事活动和饮食习惯。这些节气食物和习俗不仅满足了人们的生活需要，更在无形中传递着深厚的文化内涵和育人价值。

例如，春节是中国最重要的传统节日之一，也是阴历新年的开始。在春节期间，家家户户都会准备丰盛的年夜饭，其中饺子是最具代表性的食物之一。据史书记载，饺子在古时被称为"娇耳"，是医圣张仲景为了治疗百姓的冻伤而发明的。后来，饺子逐渐演变成了春节期间的重要食物，寓意着团圆和吉祥。在制作饺子的过程中，家人们围坐在一起，分工合作，当热气腾腾的饺子端上餐桌时，不仅让年轻人在参与中体验到了劳动的乐趣和成果，亲密无间的合作和交流更增进了家人之间的情感联系。通过食物制作和享用而传递家的温暖和亲情，使食育文化与劳动教育价值紧密连接。每到清明节，人们会准备青团等食物来纪念祖先。从挑选糯米、艾草等食材，到亲手制作青团，年轻人不仅了解了清明节的文化内涵和习俗，也传承了尊老敬老、不忘先辈的美德，这项活动成为学生感恩教育的重要载体。端午节是纪念古代爱国诗人屈原的节日，也是赛龙舟、吃粽子的日子。粽子是用糯米和各种馅料包裹在竹叶或其他植物叶子中，再蒸煮而成。制作粽子是一项复杂的技艺，需要精选材料、精心包裹和耐心蒸煮。通过参与粽子的制作，学生可以学习到坚韧不拔的精神和对传统文化的尊重。

这些节气食物和习俗背后蕴含着丰富的历史和文化内涵。通过参与节气食物的制作和享用过程，学生们可以更加深入地了解中国的传统文化和习俗，增强对民族文化的认同感和自豪感。同时，这也为他们提供了一个亲身体验和实践的机会，这种以食物为媒介的节气教育无疑是一种生动而有效的劳动教育方式。

此外，传统食育文化中烹饪技艺的传承与劳动教育也能碰撞出新的火花，不仅可以培养学生的动手能力，还能深化他们对食物、对劳动的理解和尊重。在《齐民要术》这部古代农书中，详细记载了当时的各种烹饪方法。"蒸、煮、炒、烤"的技巧，以及食材的选择、处理和搭配，都凝聚着古人的智慧和心血。这些技艺的传承不仅仅是一种技能的传递，更是一种文化的延续，使得烹饪成了一种文化传承和仪式感的体现。在节日的庆典上，人们会用特定的烹饪方法和食材来制作美食，以此来表达对节日的敬意和对生活的热爱。这种将烹饪与节庆、民俗相结合的传统不仅丰富了人们的生活，也加深了人们对传统文化的理解和认同。然而，在现代社会中，随着生活节奏的加快和科技的进步，很多年轻人对烹饪的认知仅停留在简单的烹饪操作和快餐文化上。在劳动教育中加强对烹饪技艺的学习和传承，并非出于职业选择的需要，而是出于掌握劳动技能，加深对传统文化的理解和认同的使命。通过学习烹饪的基本方法和家常菜的制作方法，学生们可以更加直观地感受到饮食文化的魅力和价值所在。在烹饪的过程中，他们需要亲自动手处理食材、掌握火候和调味等技巧，这不仅可以锻炼他们的动手能力，也让他们更加深刻地体会到劳动的艰辛和乐趣，从而领悟"一粥一饭，当思来之不易"的深刻含义。

6.2.3　中国传统食育文化与绿色低碳饮食

低碳饮食，顾名思义，是指在饮食过程中尽量减少碳排放和能源消耗的饮食方式。它强调食物生产、加工、运输和消费环节的环保性，鼓励人们选择当地、当季的食物，减少食物浪费，并注重营养均衡。绿色低碳饮食，不仅可以降低个人饮食对环境的负面影响，还有助于促进身体健康和可持续发展；不仅符合现代人对环保、健康的追求，更是未来饮食发展的重要趋势之一。在食育文化的传承中，绿色低碳饮食的理念与传统食育文化中的节约、环保等观念不谋而合。古人云："饮食有节，起居有常。"强调了饮食的节制和规律性，与绿色低碳饮食中提倡的适量、均衡的饮食观念相契合。古代文献中常提到"五谷杂粮"的概念，即指多种粮食作物的混合食用。这与绿色低碳饮食中提倡的食物多样性相符，有助于人们获得全面的营养，同时也能够减少对特定食物资源的过度依赖。古人用"食不重味，衣不重彩"强调饮食的简约和朴素。在绿色低碳饮食中，我们也应该注重食物的原汁原味，避免过度的加工和调味。这样不仅可以保留食物的营养成分，还能减少因加工而产生的能源消耗和废弃物排放。同时，简约的饮食方式也有助于培养人们的自律和节制精神。

要实现绿色低碳饮食，可以从五个方面着手：一是学习了解营养物质均衡摄入的知识。学习并实践食物多样化，以谷类为主，多吃蔬菜、水果和薯类，常吃奶类、豆类或其制品，适量吃鱼、禽、蛋、瘦肉，少吃肥肉和荤油，这样的饮食结构既有利于身体健康，又有助于减少碳排放。二是选择绿色低碳食材。尽量购买应季、本地食材，减少因长途运输而产生的碳排放。同时，选择有机、绿色食品等环保认证的产品，这些产品在生产过程中对环境的影响较小。三是减少食物浪费。养成按需取餐的习惯，不贪多、不随意增加分量。在厨房烹饪时，也要有意识地控制食材的用量，避免制作过多的食物，从源头上减少浪费。四是采用绿色低碳的烹饪方式。多采用蒸、煮、炖等低能耗的烹饪方式，减少煎、炸等高油耗的烹饪方式。使用高效节能的厨房电器，如电磁炉、电压力锅等，减少能源消耗和碳排放。五是养成健康的饮食习惯。定时定量进食，避免暴饮暴食。少喝含糖饮料。同时，倡导践行绿色低碳饮食理念，与家人、朋友分享相关知识和实践经验，带动更多人参与到绿色低碳饮食的行动中来。

6.3 面向爱粮节粮的劳动教育实施路径

对于学生来说，积极投身到爱粮节粮的劳动教育实践行动中具有深远的意义，不仅能够帮助学生真切地体会到粮食的珍贵和劳动的价值，更能培养学生的节约意识，让他们在日常生活中懂得珍惜每一粒粮食。同时，这样的实践也有助于培养学生的低碳意识和环保意识，让学生认识到保护环境、节约资源的重要性。此外，通过亲身参与劳动，学生们还能学习农学和餐饮的相关知识和技能，养成良好的劳动习惯，为未来的生活和工作打下坚实的基础。

从自身做起，参与到"光盘行动"中，是简单而有效的实践方式。每次用餐时我们都应该根据自己的需求适量取食，避免剩菜剩饭。这不仅是一种节约粮食的行为，更是一种对自己和他人劳动成果的尊重。同时，我们应影响并带动身边人一同参与"光盘行动"，共同营造节约粮食的校园氛围。

在有条件的校园或社会实践基地，可以组织学生积极参与到农业种植体验实践活动中。置身于广袤的农田、茂盛的果林或香气四溢的花圃中，学生们不再只是书本知识的接受者，而是成为大自然的探索者和劳动者。通过亲身参与到农田、果林、花圃等的种植、管理和收获过程中，学生可以真切地感受到农业生产的艰辛和不易，并掌握各种农具的使用技巧、了解农作物的生长规律和病虫害防治知识，锻炼自己的体魄和意志，培养对劳动成果的敬畏之心和感恩之情。结合农业种植体验实践活动，开展"从田间到餐桌"的主题活动，组织学生将收获的粮食加工成食品，再亲手烹饪出来。通过亲手制作和品尝自己劳动的成果，更加深刻地理解粮食的重要性。

从学校层面，可以从食堂管理出发，搭建"前端—中端—后端"全过程"制止餐饮浪费"劳动教育体验项目，拓展学生的参与面和教育覆盖面。前端——加强食材"采购—加工—烹饪"流程管理。引导学生利用专业知识和科技手段，自主开发设计精准计量工具，精准测算用餐人数总量和用餐点人流量趋势，精准分析常规菜品的销售热度，精准检查仓库存货量和保质期限，通过"少量多次，按需按时，严把质量"的精准采购模式，尽可能规避原材料"供大于求、堆积难售"的浪费问题发生。针对原材料使用期限，从各类食材加工改刀、"边角料"创新入菜、调味品使用得当、烹饪时能源管控等方面提出更细化的行为规范要求，并邀请学生进行监督。通过制度化的后厨流程管理，减少学校餐饮服务前端的浪费。中端——创新宣传形式、优化售餐模式。发动更多学生以同学喜闻乐见的形式设计并开展形式多样的"制止餐饮浪费"宣传教育活动。内容包括粮食安全观、绿色低碳饮食、中国传统食育文化、均衡膳食营养等知识，力求让宣教形式更入脑入心。也可以通过组织以粮食生产为主题的知识竞赛和宣传活动，加深学生们对粮食生产和消费的认识和理解。在现场，还可以设立由学生担任志愿者的节约粮食监督岗，对食堂、餐厅等场所的粮食浪费现象进行监督。后端——完善厨余垃圾分类管理。餐饮全过程管理的后端是大量厨余垃圾的分类管理和回收利用。一方面通过前端、中端劳动教育的优化和教育管理，尽可能减少食堂湿垃圾产出；另一方面鼓励学生通过对垃圾分类知识的掌握和科技探索，利用技术手段对湿垃圾进行自动化就地降解，完成湿垃圾就地资源化、无害化处理，实现制止餐饮浪费现象后端管理的"变废为宝"。

结合爱粮节粮的劳动教育实践不能仅局限在校园，更应拓展至家庭和社会。通过学生以身作则的实际行动，引导家人和朋友成为节约粮食的倡导者与实践者，让爱粮节粮的意识深入人心，蔚然成风。

第 7 章
垃圾分类与劳动教育

7.1 概述

7.1.1 垃圾的类型

垃圾的来源非常广泛，包括居民生活、商业、建筑、工业、城市清扫和危险废弃物等多个方面。

生活垃圾是垃圾的主要来源之一，是指在日常生活中产生的废弃物，包括厨余垃圾、纸类垃圾、塑料垃圾、玻璃垃圾等。居民日常生活中产生的垃圾量巨大，且成分复杂，处理难度较大。

建筑垃圾就是在施工、装饰以及翻新的过程中形成的废品，其种类主要有碎石、碎砖、碎混凝土、碎木头、碎玻璃等。伴随着都市化进程的飞速推进，建筑废弃物的数量持续上升，给环境带来了巨大的破坏。

工业垃圾是在工业生产、加工和制造过程中产生的废弃物或副产品。它包括各种固体、液体和气体废弃物，可能具有不同的危害性和对环境的影响。由于各种工业制造流程的差别，工业废弃物的构成及特征也会有所区别，其中最普遍的类型有冶炼废弃物、开采废弃物、燃料残余物以及化学制品残余物。工业垃圾的产生量巨大，处理难度较高。

7.1.2　垃圾的危害

我国是一个人口众多、资源丰富的国家，因此垃圾的生产量也十分庞大。其中，生活垃圾的产量占据了相当大的比重。由于居民生活水平的提高和消费模式的改变，每天都会产生大量的厨余垃圾、纸张、塑料等废弃物。除了生活垃圾，建筑垃圾也是我国垃圾的重要组成部分。伴随着城市发展的快速步伐以及基础设备的持续扩展，每年都会有大批的建筑废弃物被排放出来。这些废弃物主要是混凝土、砖块和木头等。此外，工业垃圾也是我国垃圾的重要来源之一。在工业制作的流程中产出的废品、废气、废液等有害物质若未进行任何处置就直接排放，将给环境带来极大的破坏。垃圾产生的危害是多方面的，主要包括以下几个方面：

（1）污染空气。由于长时间在户外堆积，废弃物极其可能腐败、变质、发霉，同时也会逐渐排放出大量的氨、硫化氢等有毒气体，并且散发出一股让人难以忍受的刺鼻味道。一旦大风吹来，其中的粉尘和微粒就会随之飘散，会对空气造成严重的污染，破坏我们的生活环境。

（2）污染水体。当废弃物被堆积或者未经处理而丢弃时，它们可能会对水源造成污染，并且可能会释放出多种危险的化学成分。例如，当病原微生物被储存和腐败时，它们会释放出酸性和碱性的有机污染物，同时也能够溶解掉重金属，从而形成混合污染。由于生活垃圾经过长时间的厌氧发酵后，会形成一种具有高度毒性和严重污染的废水，如果将垃圾直接投入湖泊、河流或海洋，水质将会遭受更为严重的破坏。若水中的生物误食这些垃圾，则会损害机体、危及生命。食用这些被废弃物污染的水产品，也可能导致人体中毒。

（3）污染土壤。如果没有进行适当的处理就将废弃的电池、灯管、油漆等有毒有害的垃圾堆积在地面，可能会逐渐释放出有害的物质，对周边的土壤环境产生污染，导致土壤的保水能力和保肥能力下降。一旦土壤受到污染，其修复将变得困难，且其修复过程是难以逆转的。

（4）危害人体健康。垃圾堆不仅是一个积聚污染物的场所，同时也是老鼠、蟑螂以及蚊蝇等动物的栖息地，它们在这些垃圾中生存并繁衍。这些携带着细菌、病毒的危险动物在各地活动，它们的存在将对人们的身体健康与安全构成风险，并且可能引发如肠道寄生虫、黄疸症等疾病。

7.1.3　垃圾分类的标准

大部分混合垃圾的处理方式是采用传统的填埋技术，这种方法会消耗大量的土地资源，并且对环境造成严重的污染。通过垃圾分类，能够降低对源头垃圾的处理量，从而节约土地资源，这对社会、经济和生态都有积极的影响。

在主要生活垃圾分类城市中，基本上对垃圾分类采取有害垃圾、可回收物、厨余垃圾、其他垃圾"四分法"，各地执行的基本上都是国家制定的这四大分类标准。在 2019 年发布的《上海市生活垃圾管理条例》中，生活垃圾按照以下标准分类：

（1）可回收物，是指废纸张、废塑料、废玻璃制品、废金属、废织物等适宜回收、可循环利用的生活废弃物。其包括以下种类。衣：废织物，如衣服、鞋、床单、毛绒玩具等；纸：废纸张，如快递纸箱、纸袋子、书本、报纸等；塑：废塑料，如饮料瓶、洗发水瓶、塑料制品等；玻：废玻璃，如啤酒瓶、玻璃杯、窗户玻璃等；金：废金属，如易拉罐、刀具、锅具等。

分类注意事项有：投放可回收物时应尽量保持清洁干燥，避免污染；废纸应保持平整；立体包装物应清空内容物，清洁后压扁投放；废玻璃制品应轻投轻放，有尖锐边角的应包裹后投放；生活中最常用的塑料袋属于其他垃圾，因为塑料袋用来装东西，易造成污染，且本身被循环利用的价值太低。

（2）有害垃圾，是指废电池、废灯管、废药品、废油漆及其容器等对人体健康或者自然环境造成直接或者潜在危害的生活废弃物。其包括以下种类。药：过期药品。油：涂料桶。电：充电电池、纽扣电池、蓄电池。灯：节能灯、荧光灯。以及日常生活中常接触到的指甲油、洗甲水、蟑螂药、老鼠药、杀虫剂等。

分类注意事项有：投放有害垃圾时应注意轻放；废灯管等易破损的有害垃圾应连带包装或包裹后投放；废弃药品宜连带包装一并投放；杀虫剂等压力罐装容器，应排空内容物后投放；在公共场所产生有害垃圾且未发现对应收集容器时，应携带至有害垃圾投放点妥善投放。

（3）湿垃圾，即易腐垃圾，是指食材废料、剩菜剩饭、过期食品、瓜皮果核、花卉绿植、中药药渣等易腐的生物质生活废弃物。其包括以下种类。剩：剩在碗里不吃的食物。鱼：鱼鳞、鱼骨头等小型骨头。皮：瓜子皮、任何瓜皮果核。花：花卉绿植。

分类注意事项有：湿垃圾应从产生时就与其他品种垃圾分开收集，湿垃圾含水量高，易腐烂产生臭味，投放前尽量沥干水分；有包装物的厨余垃圾应将包装物去除后分类投放，包装物应投放到对应的可回收物或干垃圾收集容器；盛放厨余垃圾的容器，如塑料袋等，在投放时应予去除。

（4）干垃圾，即其他垃圾，是指除可回收物、有害垃圾、湿垃圾以外的其他生活废弃物。其包括以下种类。盒：外卖盒、食物袋等（里面不能有食物残留）。湿：湿巾、面膜以及过期化妆品等。土：陶瓷、渣石及花盆类物品。废：烟头、废弃卫生巾、纸尿裤等物品。骨：不易腐烂的大骨头、贝壳之类。

分类注意事项有：干垃圾在投放时应尽量沥干水分，避免湿漉漉的垃圾被误认为是湿垃圾；对于难以辨识类别的生活垃圾，应将其投入干垃圾容器内，以确保垃圾得到正确的处理；干垃圾应与有害垃圾和可回收垃圾分开投放，避免将有害垃圾和可回收垃圾混入干垃圾中，影响垃圾的分类处理和资源回收。

7.2 垃圾处理原则与资源循环利用技术创新

7.2.1 垃圾处理原则

垃圾处理是解决垃圾问题的关键途径，其目标是实现垃圾的减容、减量、资源化、能源化及无害化。《中华人民共和国固体废物污染环境防治法》《中华人民共和国循环经济促进法》所确立的垃圾处理原则为：减量化、资源化、无害化。

（1）垃圾减量化，其原则是通过采取一系列措施，最大限度地减少垃圾的产生和排放。

垃圾减量化可以从以下几个方面实现。①源头减量：从源头上减少垃圾的产生，提倡适量消费、避免产生不必要的垃圾。例如，减少一次性用品的使用、选择可重复使用的物品等。②回收利用：通过垃圾分类、回收、再利用等方式，将可回收的垃圾转化为有价值的资源，从而减少垃圾的排放量。③优化产品设计：通过改进产品设计和生产工艺，减少产品生命周期内的垃圾产生量。例如，采用可降解材料、简化产品结构等。④提高资源利用效率：减少资源的浪费，从而间接减少垃圾的产生。例如，节能减排、资源循环利用等。强化宣传教育，加强公众的环保意识和垃圾减量化意识，鼓励人们积极参与垃圾减量化工作。

（2）垃圾资源化，是指将垃圾转化为可再利用的资源，以达到减少垃圾处理压力、节约资源、保护环境的目的。垃圾资源化主要包括物质回收、物质转换和能源回收等方面。通过合理的垃圾资源化利用，可以实现经济和环境的双重效益，促进可持续发展。

垃圾资源化的实施可以从以下几个方面入手。①垃圾分类：将可回收的垃圾与不可回收的垃圾分开，提高垃圾的回收利用率。②物质回收：将可回收的垃圾转化为有价值的资源，例如纸张、塑料、金属等。③物质转换：通过化学、物理或生物方法将垃圾转化为新的物质或能源，例如沼气、肥料等。④能源回收：将垃圾中的有机物质转化为热能或电能，例如垃圾焚烧发电等。

（3）垃圾无害化，是指采取各种管理和技术措施，将垃圾中的有害物质进行清除、控制和处置，以减少垃圾对环境和人体健康的危害。垃圾无害化是垃圾处理的重要环节，也是环境保护的重要内容之一。

垃圾无害化的主要技术包括以下几种。①填埋法：将垃圾填入已预备好的坑中，再进行压实、覆盖，通过自然分解和发酵等方式将垃圾转化为无害的物质。垃圾填埋法是一种广泛应用的处理垃圾的方式，适用于各类垃圾。②焚烧法：将垃圾在高温下燃烧，通过氧化反应、还原反应等将有害物质转化为无害的物质。焚烧法具有处理量大、减量性好、无害化彻底等优点，但投资较大，未经科学化处理会产生有害气体和飞灰等。③生物处理法：利用微生物分解垃圾中的有机物，将其转化为稳定的腐殖质或沼气等能源。生物处理法包括厌氧消化、好氧堆肥等技术，具有处理效果好、能源自给等优点，但处理周期较长、稳定性较差。④化学法：通过化学反应将垃圾中的有害物质转化为无害的物质。化学处理方法涵盖了酸碱中和、氧化还原、沉淀等多种手段，其优势在于效率高、反应迅速，然而，这也意味着需要更多的投入和更高的处理费用。

7.2.2　垃圾处理的常规方式

垃圾处理就是对垃圾进行清理和处理，并实施无害化的方式，最终进行合理的使用。有害垃圾会被送往危险废物处理机构进行特殊处理，可回收垃圾则会进入回收系统，由再生资源机构进行处理或加工。厨余垃圾含有较多有机物，更适合生物处理。其他垃圾的处理方法多是焚烧或填埋。

（1）垃圾填埋。垃圾填埋是将垃圾埋进坑洼地带进行处理的方式，也是我国大多数城市处理生活垃圾时采用的主要方法。在对垃圾进行卫生填埋时，通常会用黏土衬层或合成塑料衬层把垃圾与地下水和周围的土壤隔离开来。

垃圾填埋场地的选择是卫生填埋的关键，不仅要防止污染，还要经济合理。所以，在设计卫生垃圾处理设施时，需要综合考量诸如地理环境、土质状况、水资源、环境污染、噪声、交通状况、位置以及未来的开采潜力等多个因素。

垃圾填埋作为我国主要的垃圾处理方式，具有技术成熟、处理费用低、工艺简单、处理量大、处理垃圾类型多等优点。然而，如果未对被填埋的垃圾进行无害化处理，就会留下大量的细菌和病毒，同时也可能存在沼气、重金属污染等潜在风险。而垃圾发酵所释放出的甲烷气体有可能导致火灾和爆炸，也有可能被释放到空气中，从而造成温室效应。另外，由垃圾产生的泄漏液体会对地下水环境造成持久的污染。

（2）垃圾堆肥。堆肥是处理生活垃圾的常用方法，垃圾或土壤中的细菌、酵母菌、真菌等微生物在垃圾处理过程中发挥着重要的作用。经人工控制后，这些微生物会与生活垃圾中的有机质发生生物催化反应，使其分解、腐烂。垃圾最终转化为腐殖质，人们再把这些腐殖质当作农田的肥料使用。适合进行堆肥处理的垃圾通常是厨余垃圾，包括果皮、剩饭、菜叶和花草等，塑料或玻璃一类的垃圾则不能这样处理。

好氧堆肥作为一种主要的垃圾处理技术，其基本操作原理是利用翻堆、通风等手段，尽可能地增加垃圾与空气的接触面积。然后利用好氧菌对其中的有机物进行分解，保持其稳定性，最终形成的是水、二氧化碳以及腐殖质等。将生活垃圾堆肥处理，一般分为四个阶段。第一，预处理阶段。分拣出大块的垃圾以及无机物，再把垃圾混合打碎，筛分为匀质状。第二，细菌分解阶段。通过精确的操作和管理，当环境的温湿度以及氧气浓度达到一定的标准时，好氧性或者厌氧性微生物便会快速地生长，同时也会对废弃物进行分解，使得其内部的所有有机物被转变成对环境无害的肥料。第三，腐熟阶段。稳定肥质，等待垃圾完全被腐熟。第四，储存阶段。储存或利用肥料，其余的废弃物则可以进行相应处理。

通过堆肥，可以把废弃物转化为富含营养的物质，从而提高农田的土壤肥力。此种处理手段因其具有良好的环境卫生、较高的无害性、缩短的处理时间以及易于实施机械化操作等优点，已经在全球范围内得到大规模的应用。

（3）垃圾焚烧。焚烧是一种比较古老的垃圾处理方式。通过对焚烧炉中的垃圾进行分解、燃烧、熔融等处理，垃圾会变成残渣或者熔融固体物。焚化的废物种类繁多，如废弃的固态燃料、医药残渣、日常用品、动植物残骸等。

主要的燃烧发电设备包括燃烧炉、余热锅炉以及烟气净化系统等。经过焚烧处理后，垃圾存量大大减少，不仅节省占地空间，还可消灭垃圾中的各种病菌和有害物质，无害化程度很高。此外，垃圾焚烧过程中释放的热量可以被转化为电能，这对于缓解资源短缺状况具有积极作用。因此，垃圾的科学化、合理化焚烧不仅是循环经济的关键元素，同时也会带来环保和能源的双重好处，使得废弃物得到再次利用，从而持续推动社会的可持续发展。

7.2.3　垃圾分类技术创新

随着垃圾分类在社会和公众中的广泛开展，技术创新、科技赋能正在为垃圾分类提供更高效、精准、智能化的解决方案，从而提高垃圾分类的效率和可操作性，促进垃圾分类的可持续发展。

从技术创新角度来看，当前智能化、数字化、大数据等前沿技术的投入和结合推动了垃圾分类的技术进步。智能识别技术，包括图像识别、传感器技术等，能够自动识别垃圾的种类并进行分类。例如，智能垃圾桶可以通过图像识别技术判断垃圾的种类，自动将垃圾投放到相应的分类区域，提高垃圾分类的准确性和效率。大数据分析则可以通过大数据技术对垃圾分类的数据进行分析和挖掘，优化垃圾分类的处理流程和资源配置。例如，利用大数据分析垃圾分类的情况，制定更合理的垃圾分类政策和管理措施。物联网技术可以通过物联网实现垃圾分类设备的联网和数据共享，提高垃圾分类的智能化和远程监控能力。例如，利用物联网技术对垃圾清运车辆进行实时监控和调度，提高运输效率。人工智能技术可以用于垃圾分类的自动化和智能化处理，提高垃圾分类的效率和精度。例如，利用人工智能技术对垃圾进行智能分拣和处理，减少人工干预和人力成本。

从循环利用角度来看，可再生和可再利用成为垃圾处理的主要方向和关键途径，促进着垃圾分类技术的创新发展。①生物质能源利用，将有机垃圾通过厌氧发酵或好氧堆肥等技术转化为生物质能源或有机肥料，用于发电、供热、肥料生产等领域。这种技术可以实现垃圾的能源化和肥料化利用，减少对化石能源的依赖。②能源化利用，可以通过垃圾焚烧等方式将垃圾转化为热能或电能，这种方式可以减少对化石燃料的依赖，提高能源利用效率，同时减少温室气体的排放。③材料化利用，将垃圾中的有用物质提取出来，用于制造新的材料或产品。例如，用废旧轮胎制造再生橡胶，用废旧玻璃制造新的玻璃制品等。这种技术可以实现垃圾的资源化利用，减少对原材料的需求，降低生产成本，同时减少对环境的破坏。④建筑垃圾的再利用，将建筑垃圾进行分类处理，将可再利用的部分用于制造新的建筑材料或产品。例如，将废砖瓦、废混凝土等用于制造再生砖、再生混凝土等。这种技术可以实现建筑垃圾的资源化利用，减少对原材料的需求，降低生产成本，同时减少对环境的破坏。

总的来说，智能化技术在垃圾处理中的应用可以帮助提高垃圾处理的效率和准确性，优化资源配置，降低人力成本；而技术创新可以实现垃圾的循环利用，减少垃圾的处置压力，同时节约资源和能源，降低生产成本，促进可持续发展。

7.3 垃圾分类的历程与推进

7.3.1 我国垃圾分类进程

我国垃圾分类的发展是一个持续深化和逐步成熟的过程。近年来，随着环境保护意识的提高和资源循环利用需求的增加，我国垃圾分类工作取得了显著进展。

2000 年，北京、上海等城市被选定为"生活垃圾分类收集试点城市"，并逐步推广到全国。同时，政府也出台了一系列政策法规来推动垃圾分类工作。2017 年，国务院办公厅转发国家发展改革委和住房城乡建设部联合发布的《生活垃圾分类制度实施方案》，明确提出到 2020 年年底基本建立垃圾分类相关法律法规和标准体系，形成可复制、可推广的生活垃圾分类模式的目标。此后，各地纷纷制定具体的垃圾分类政策和措施，加强宣传教育，推广分类投放、收集、运输和处理的技术与设备。

近年来，我国通过宣传教育、社区活动等方式积极引导居民参与垃圾分类工作。同时，还鼓励企业、社会组织等多元主体参与垃圾分类和资源回收利用，形成了全社会共同参与的良好氛围。

习近平总书记在给上海市虹口区嘉兴路街道垃圾分类志愿者的回信中提到："垃圾分类和资源化利用是个系统工程，需要各方协同发力、精准施策、久久为功，需要广大城乡居民积极参与、主动作为。希望你们继续发挥志愿者在基层治理中的独特作用，用心用情做好宣传引导工作，带动更多居民养成分类投放的好习惯，推动垃圾分类成为低碳生活新时尚，为推进生态文明建设、提高全社会文明程度积极贡献力量。"

7.3.2　校园垃圾分类的现状

在日常的工作、生活、学习过程中,校园会不可避免地产生数量众多的生活垃圾。这些校园生活垃圾中,大部分都具有较高的可利用价值,可以通过垃圾分类进行回收,实现资源再利用。校园内产生的主要生活垃圾包括以下几个方面。①可回收垃圾,包括废弃图书、废纸、复印纸、广告纸等废旧纸张;各种饮料瓶、塑料袋、洗发水瓶等废旧塑料;旧衣服、破损运动鞋、旧毛巾、毛绒玩具等废旧衣物;旧手机、旧显示器、充电器、U 盘等电子废弃物。②厨余垃圾,包括在餐厅就餐及日常饮食中产生的剩饭剩菜、果皮果肉等。③快递、外卖垃圾,包括快递包装箱、包装袋、胶带、外卖包装盒、一次性餐具、一次性奶茶杯、吸管等。④有害垃圾,包括实验室废液、废旧电子元器件、废旧电池、废旧灯管、过期药品、废弃化妆品等。⑤其他垃圾,包括使用过的餐巾纸、废弃纸巾、卫生间用纸等。

校园作为青年学生群体的聚集地,必须在垃圾分类工作中起到模范带头作用。2018 年 1 月,根据《国务院办公厅关于转发国家发展改革委住房城乡建设部生活垃圾分类制度实施方案的通知》,教育部办公厅等六部门发布《关于在学校推进生活垃圾分类管理工作的通知》,决定在全国所有校园开展生活垃圾分类工作。同时,各地各校积极将垃圾分类等绿色低碳教育融入劳动教育活动中,如上海市教育委员会印发《上海市绿色低碳发展国民教育体系建设实施方案》通知,鼓励引导学生在劳动中践行低碳理念,传播垃圾分类环保知识,推进青少年群体积极参与校园垃圾分类行动。

在实际实施过程中,学生群体参与垃圾分类还存在一些问题,影响着校园垃圾分类工作的成效。如垃圾分类知识缺乏,一些学生和教职工对垃圾分类的知识了解不够,导致垃圾分类投放的准确率较低。学校生活垃圾分类知识普及率是否达标,分类投放的准确率与否,会影响垃圾的后续处理和资源化利用。学生家庭教育背景、个性观念各不相同,看法也大相径庭,有些学生有过垃圾分类意识但并未付诸行动。许多校园内的垃圾处理设施不足,缺乏分类垃圾桶、垃圾处理设备等,使得垃圾分类难以实施。同时,垃圾处理设施的不合理布局和分布密度也会影响垃圾分类的效果。另外,一些校园的垃圾分类管理制度不完善,缺乏明确的分类标准和奖惩措施,导致垃圾分类的执行力度不够,难以形成长效机制。

7.3.3 校园垃圾分类的推进

校园垃圾分类是一项逐步推进的长期性工作，从校园层面而言，要建立完善的垃圾分类制度与监督体制，形成有效的管理模式，在校园营造良好的氛围，将校园生活垃圾分类作为贯彻落实节约资源和保护环境基本国策的实际行动，提升学生生活垃圾分类和资源环境意识，养成绿色低碳的生活方式。

（1）制度导向的顶层设计。为了推动学校垃圾分类活动的有效开展，学校的管理部门需要构建一套实际有效的制度管理体系。例如，高校可以设置由党政办、人事处、学生工作部门、财务、后勤等部门组成的监控机构，并把实施生活垃圾分类的表现纳入学生的个人表现评估、奖励、表现优秀的考查之内。高校可结合学校自身情况，建立符合本校实际的垃圾分类制度及分类标准。

（2）有效管理的工作方式。校园垃圾定时定点投放是一种有效的垃圾管理方式，它能够规范师生的垃圾投放行为，提高垃圾分类的准确性和效率。比如让师生在规定的时间内将垃圾投放到指定的地点。这样能够保证垃圾得到及时处理，防止垃圾堆积和污染。设置分类垃圾桶。在固定的投放点，学校可以设置不同种类的分类垃圾桶，如可回收物、有害垃圾、厨余垃圾等。这样能够方便师生分类投放垃圾，提高垃圾分类的准确率。同时，学校可以建立监督检查机制，对垃圾分类情况进行定期检查和评估。对于不符合规定的行为可以进行整改和处罚，确保垃圾分类工作的有效执行。

（3）全员行动的校园氛围。做好校园垃圾分类志愿行动需要志愿者们的积极参与和奉献精神。通过宣传推广、引导示范、定期巡查、组织活动、共建合作等方式，可以促进全校师生对垃圾分类的重视度和参与度，共同推进校园垃圾分类工作的开展。志愿者可以通过宣传海报、宣传册、微信公众号等方式向全校师生宣传垃圾分类的重要性及方法，提高大家的环保意识，普及垃圾分类知识。志愿者可以在校园内垃圾分类投放点进行引导和示范，帮助师生正确分类投放垃圾。对于一些不规范的行为及时进行纠正和指导，提高垃圾分类的准确性和效率。志愿者还可以组织一些垃圾分类主题活动，如垃圾分类知识竞赛、垃圾分类创意设计比赛等，吸引更多的师生参与垃圾分类工作。通过活动的方式增强大家对垃圾分类的认识和理解，培养垃圾分类的习惯。

7.4 面向垃圾分类的劳动教育实施路径

我国青年群体在校人员数量众多，做好校园垃圾分类工作需要付诸实际行动，可以充分结合劳动教育，以点带面持续带动全社会的垃圾分类工作深入开展，在全社会形成良好的环保氛围。面向垃圾分类的劳动教育实施路径需要注重青少年的主体性和参与性，培养他们的环保意识和责任感。具体实施路径如下：

（1）与动手型劳动结合，减少个人垃圾产生量。养成 3R 日常垃圾分类生活习惯。①减少（reduce）：在购买商品的过程中，优先考虑使用简洁的包装。应尽量使用购物袋，而不是塑料袋。逐步改变对家庭用纸的依赖，转而采用毛巾、手帕等物品，这样不仅能降低资源的浪费，还能显著降低废弃物的产生。②重复使用（reuse）：可以重复利用废旧的塑料餐具来储存剩余的食材，用已经使用过的玻璃瓶装入一些新鲜的食材，比如大米、豆类和调味品等。同时，动手制作环保购物袋和容器。例如，使用旧的布料或帆布制作购物袋，使用玻璃或不锈钢制作食物容器和餐具等。这样不仅可以减少垃圾产生，还可以增强劳动创造力和动手能力。③循环利用（recycle）：按照垃圾桶上的对应回收标识主动实施废物再利用。将可回收物进行分级管理，以方便清洁人员在众多垃圾中识别出来。在同伴之间，学生可以互相交换衣物和日常用品，也可以将闲置的物品分享给其他人。也可以出售如废纸张、硬质纸张、塑料垃圾桶及瓶装水等到周边的废旧物资回收站。动手修复损坏的物品，如衣物、家具、电器等，可以延长它们的使用寿命，减少新物品的购买。此外，还可以尝试将废弃物品进行创意再利用，如制作手工艺品、装饰品等，从而将其转化为有用的物品。

（2）与服务性劳动结合，做垃圾分类志愿者。在学校或社区组织的垃圾分类宣传活动中担任志愿者，参与组织或参与各种垃圾分类宣传活动，如发放宣传资料、举办讲座、制作宣传海报等。通过向公众传递垃圾分类的重要性和正确方法，提高大家的环保意识和参与度。协助垃圾分类实践，参与垃圾分类的实践操作，如在学校、社区或公共场所协助居民进行垃圾分类投放。通过亲身参与，向他人展示正确的分类方法，并帮助他们更好地理解和实践垃圾分类方法。提供垃圾分类咨询和指导，作为志愿者提供垃圾分类的咨询和指导服务，帮助居民解决分类过程中遇到的问题和困惑。通过解答疑问、提供建议等方式，促进居民对垃圾分类的理解和正确实践。还可以参与垃圾分类的监督和改进工作，如检查垃圾分类设施的运行情况、提出改进建议等。通过参与监督和改进工作，为垃圾分类工作的不断完善和进步贡献自己的力量。同时还可以与校内外相关组织合作，共同推进垃圾分类工作。例如，可以与环保组织合作，引进专业的垃圾分类处理服务。通过合作的方式，整合资源、共享信息，提高垃圾分类工作的效果。

（3）与创新型劳动结合，投身垃圾利用科研。科研创新方式可以帮助学生深入了解垃圾分类的科技前沿和发展趋势，提高自己的创新能力和科研水平。结合劳动教育，发挥创新型劳动的特点，尝试开发新的垃圾利用技术或改进现有技术。可以通过科技创新，设计和开发更高效、更智能的垃圾分类设备或系统。例如，探索垃圾焚烧发电技术的优化、开发有机垃圾的生物处理技术、研究垃圾中有价值物质的提取和回收等。还可以通过科学实验推动垃圾利用领域的进步和发展。如通过科学实验探究不同垃圾的特性、降解过程和资源化利用的可能性，为垃圾分类提供科学依据。或通过积极与企业、政府部门等合作，推动垃圾利用科研成果的转化和应用。通过技术合作、项目推广等方式，将科研成果转化为实际生产力，为社会带来实际的环保和经济效益。此外还可以开展垃圾分类的社会调查，了解人们对于垃圾分类的认识和行为，探究垃圾分类的难点和问题，提出解决方案等，推动垃圾分类工作的不断深入和发展。

第 8 章
爱绿护绿与劳动教育

8.1 概述

8.1.1 绿化的分类

绿化是指通过栽种植物以改善环境的活动，其目的在于提高环境卫生水平、改善生态平衡以及提升环境的美观度。绿化分类可以从不同的角度进行，包括绿化空间和植物种类等。根据绿化空间的不同，主要分为国土绿化、城市绿化、四旁绿化等。其中，国土绿化主要指植树造林、种草改良，还包括草原保护、自然保护区建设等多个方面。城市绿化包括公园绿化、道路绿化、河道湖泊绿化等。四旁绿化是指利用四旁（村旁、路旁、水旁、宅旁）空闲地植树造林、种草种花的活动。依据植物的种类差异，绿化可以被划分为乔木、移植大树、扦插幼苗、树桩景观、竹子类植物、藤本植物、草本花卉、草皮草种、造林幼苗、新鲜优质果实幼苗、种子幼苗等。其中主要的绿化植物是乔灌木，它们分为常绿和落叶两大类。花卉也是绿化中的重要组成部分，它们可以分为草本和木本两类，常用于花坛、花境和园林绿地的布置。

校园绿化是绿化工作的重要组成部分，通过校园绿化，可以改善校园环境，提高校园的美观度和舒适度，为师生提供更好的学习和生活环境。校园绿化应根据校园的具体情况和需求进行合理规划与布置，主要包括立体绿化、平面绿化和景观绿化等方面。

（1）立体绿化，包括屋顶绿化、垂直绿化、沿口绿化等。在校园建筑的外墙上种植攀缘植物等多元化的绿化方式，能够让墙面的绿叶与墙体形成完美的融合，产生出鲜明的质感和色彩对比，极具装饰效果，是一种有效的校园环境美化手段。

（2）平面绿化，主要包括校园的地面绿化和各种水体绿化。地面绿化是校园绿化的基础，包括草坪、花坛、林带等，可以增加绿地面积，提高校园的绿化率。水体绿化则包括校园内的湖泊、溪流等的水生植物的种植，可以美化水体，增加生态多样性。

（3）景观绿化，涵盖各类园艺、雕塑、喷泉等元素。这类绿化不只是实体上的效果，例如遮蔽阳光、减少噪声、防止灰尘飞扬、优化微气候、清洁空气等，更具备心理上的益处，比如美化环境、划分空间、提供休闲场所等，能够增强校园环境的美感和文化气息。

8.1.2　绿化植物的配置

对于绿化植物，我们可以根据其生长模式、环境需求、美学属性以及园艺应用等各种因素来进行分类。通过合理搭配乔、灌、花、草，确保绿地呈现"三季有花、四季常绿、色相季相分明"的配置。

1. 乔木类

乔木类绿化植物通常树体高大，具有明显的主干。在校园绿化操作中，因其冠体较大，常用于景观空间的划分、围合屏障、点缀引导等方面，是绿化空间的主要构成植物。

乔木按冬季落叶与否，又分为落叶乔木和常绿乔木。

（1）落叶乔木。校园绿化中常用的落叶乔木主要有楸树、毛泡桐、白蜡、梧桐、栾树、丝棉木、国槐、刺槐、合欢、樱花、紫叶李、西府海棠、杜仲、玉兰、构树、枫杨、旱柳、毛白杨、水杉、法桐、银杏等。落叶乔木叶片茂密，具有净化空气、吸附粉尘、阻挡噪声的作用；此外，由于落叶乔木顶端优势较强，生长较快，极易形成硕大的树冠，在炎热的夏季具有遮阴和改善区域环境的作用。落叶乔木在景观设计上具有主导作用，同时还具有对区域景点进行划分的作用。

（2）常绿乔木。校园绿化中常用的常绿乔木主要有云杉、女贞、侧柏、圆柏、华山松、雪松、油松、白皮松等。常绿乔木不仅四季常青，而且树冠都较为挺拔、俊秀，具有较高的观赏价值。在严寒的冬季，落叶树木呈现一片灰色景致时，利用常绿乔木冬季常青的优势，对校园环境进行点植点缀，可以在视觉上增强校园活力，活跃校园气氛。

2. 灌木类

灌木树体矮小，主干低矮，顶端优势不及乔木，在景观设计中主要用于景观的分割与空间的围合，与乔木组合能对不良环境加以屏蔽和隔离，起到限定空间范围的作用。作为矮篱设计栽植时能形成半开放式的空间，可起到护栏的作用。

按冬季落叶与否，灌木也可分为落叶灌木和常绿灌木。

（1）落叶灌木。校园绿化中常用的落叶灌木主要有牡丹、小檗、蜡梅、珍珠梅、蔷薇、榆叶梅、木槿、石榴、红瑞木、连翘、丁香、迎春、金银木、紫薇、棣棠等。落叶灌木在校园绿化中主要是与乔木和地被植物进行搭配，形成高、中、低合理的空间层次配置，提升校园绿化景致的韵律和动感。此外，落叶灌木还可以进行群植，利用同一树种不同品种的花期较为集中的特性，配置成区域景观，如牡丹园、梅园、月季园等，可达到不同的观赏效果。早春的迎春花、蜡梅、连翘等可赋予校园春天的气息；炎炎夏季，大部分植物都已不再繁花似锦，而紫薇与石榴仍花团锦簇，给人一种别致的享受。

（2）常绿灌木。校园绿化中常用的常绿灌木主要有火棘、小叶女贞、大叶黄杨、锦熟黄杨等。常绿灌木具有四季常绿的效果，在校园绿化中常作为植篱或观赏球进行栽植。进行绿篱栽植时，通过不同的形式对绿地进行围合，不仅可以起到保护绿地的作用，还可以对冬季干枯的绿地起到遮掩与点缀的作用，如小叶女贞、大叶黄杨、锦熟黄杨；作为观赏球类配置时，可以与常绿乔木相呼应，形成别致的冬季景观，如大叶黄杨球、火棘球等。

3. 藤木类

藤木能缠绕或攀缘其他物体而向上生长，多以墙体、护栏或其他支撑物为依托，形成悬挂或倾斜的立体构图，可以自然地起到封闭与围合空间并柔化附着物的作用。

按冬季落叶与否，藤木可分为落叶藤木和常绿藤木。

（1）落叶藤木。校园绿化常用的落叶藤木主要有紫藤、凌霄、爬墙虎等。落叶藤木在校园的绿化中主要用于立体装饰和柔化建筑棱角。根据其攀缘的特性，将棚架或墙面进行立体绿化，通过其鲜艳的花朵和别致的造型，对校园环境起到点缀作用。

（2）常绿藤木。校园绿化常用的常绿藤木主要有光叶子花、绿萝、常春藤等。常绿藤木植物在校园绿化中多进行盆栽，用于室内绿化配置。根据其攀缘特性，一般制作成圆柱形或球形对室内进行装饰；或者利用枝条下垂的特性制成垂盆植物，悬挂于空中进行立体装饰。

4. 草坪类

草坪是指叶质、叶色统一的草本植物，原属地被植物，分为冷季型草坪和暖季型草坪两种。

（1）冷季型草坪。校园绿化中常用的冷季型草坪主要有高羊茅、草地早熟禾、黑麦草等。冷季型草坪只有在晚春、初夏以及秋季气温凉爽时生长茂盛，在高温的夏季生长缓慢或转入休眠、半休眠状态。

（2）暖季型草坪。校园绿化中常用的暖季型草坪主要有结缕草、野牛草等。暖季型草坪一般在早春或初夏气温回升后返青，夏季至仲秋生长茂盛，晚秋至冬季时草株地上部分逐步枯黄，地下部分呈休眠状态。暖季型草坪具有一定的抗旱性，管理较为简便，但枯黄期较长是其最大的缺点。

5. 花卉类

校园绿化中常用的花卉主要有露地栽培的草花和温室栽培的花卉。在校园绿化操作中常利用花坛、花带、花柱等形式突出其观赏价值与特色。

（1）露地花卉。校园绿化常用的露地花卉主要有荷花、大丽花、菊花、虞美人、矮牵牛、三色堇、金盏菊、金鱼草、一串红、万寿菊、鸡冠花等。露地花卉主要用于盆栽和露地栽培，盆栽花卉主要在节日期间或有重大接待任务时进行摆放，用于烘托校园气氛；露地栽培主要利用其鲜艳的花色和群植效果种植于花池、草坪中，与其他绿化植物相互搭配、相互衬托，从而活跃校园的气氛，增加校园绿化的色彩。

（2）温室花卉。校园绿化常用的温室花卉主要有蜘蛛抱蛋、吊兰属、仙客来、发财树、白掌、虎皮兰、龟背竹、非洲茉莉、杜鹃、仙人掌、海桐、鹅掌柴、栾树、散尾葵等。温室花卉主要用于室内绿化配置，是对室外绿化的一种补充和延伸，它主要是利用盆栽花卉对人工环境进行装饰，通过其线条、色彩、明暗的变化，改善室内的环境，柔化建筑的棱角，拉近人与自然的距离，以达到室外绿化无法达到的效果。

8.1.3　校园绿化的要求

校园的绿色不仅塑造了学校的文化氛围和实体氛围，同时也是学校精神文明发展的重要标志。校园绿化建设在满足功能需要的同时，也发挥着环境育人的作用。从生态性上看，校园绿化应模拟自然生态环境，选择适应当地气候和土壤条件的植物，避免破坏原有生态平衡；从功能性上看，绿化设计应满足师生的使用需求，如提供休闲、学习、交流等空间，同时考虑行走、停留和观赏的便利；从艺术性上看，绿化配置应注重色彩、形态和季相变化，与校园建筑、道路和设施相协调，形成优美的景观效果；从文化性上看，通过种植各种绿色植被能够展示学校的独特文化风貌以及教育理念，营造出充满活力、健康、向上的校园文化氛围。

从校园绿化的建设要求而言，绿地率、绿化覆盖率常常作为绿色校园、绿色学校创建的指标和标准。

绿地率、绿化覆盖率和绿视率都是评价绿化效果的重要指标。绿地率是指绿化用地占总用地面积的比例，一般应达到 30% 以上；绿化覆盖率是指绿化植物的垂直投影面积占绿地面积的比例，反映的是绿化的绝对面积；绿视率则是指人们眼睛所看到的绿色面积的比例，反映的是绿化在视觉上的相对效果。绿视率越高，说明人们在观察周围环境时看到的绿色面积越大，视觉效果越佳。校园绿化应合理设置绿化用地，增加校园绿化面积，保证一定的绿地率和绿视率，无抛荒闲置用地，应绿尽绿。

在校园绿化植物配置上，应合理规划绿植搭配，循序乔、灌、花、草合理搭配，确保绿地达到"三季有花、四季常绿、色相季相分明"的要求。开展立体绿化类（屋顶绿化、垂直绿化、沿口绿化）建设。主要选择适应本地气候和土壤环境的本土植物，这些植物具有高耐候性、抗病虫害能力强、对人体无害，并且能够展现出优秀的生态环境和地域特色。种植区域的覆盖深度和排水能力需要满足植物的生长需求。

在校园绿化养护管理上，应制定完善的养护管理制度和技术标准，包括浇水、施肥、修剪、病虫害防治等，确保植物生长良好，景观效果持久。校园绿化设施应完善，包括灌溉系统、排水系统、道路系统、座椅、灯具等。这些设施应满足使用需求，同时与绿化景观相协调。

8.1.4　爱绿护绿的价值与意义

爱绿护绿的价值与意义深远而重大。

从生态环保的角度来看，全民树立爱绿护绿的意识有助于保护和维护自然的生态平衡。绿色植物是生态系统中的重要组成部分，它们通过光合作用吸收二氧化碳，释放氧气，维持空气的新鲜。同时，植物还能净化水源，保护土壤，防止水土流失，对于维护整个生态系统的稳定和健康起着至关重要的作用。植物可以吸收并存储大量的二氧化碳，有助于降低温室气体的浓度，从而减缓全球气候变暖的速度。这对于我们的现在和未来来说都是至关重要的。

从人类生活的角度来看，主动参与爱绿护绿行动可以提升我们的生活质量。绿色的环境不仅可以提供新鲜的空气，还能降低噪声，减轻压力，有助于我们的身心健康。同时，一个充满绿色的环境也可以使我们所处的环境更加美丽，提升我们的居住和生活体验。

爱绿护绿在劳动教育中有着重要的意义，它不仅是培养学生环保意识的有效途径，是对学生进行生态文明教育的重要方式，也是劳动教育过程中极其适合的实践环节。

首先，爱绿护绿行动本身就是一种具有实际意义的劳动。在植树造林、绿化环境的过程中，学生需要亲自动手挖坑、培土、浇水，这些劳动不仅能够锻炼他们的身体素质，还能够培养他们吃苦耐劳的精神和坚韧不拔的毅力。同时，通过爱绿护绿行动，学生可以更加深入地了解环保知识和生态理念。他们不仅需要学习如何种树、如何保护树木生长的知识，还需要了解生态系统的运行规律、环境保护的法律法规等方面的内容。这些知识的学习和掌握将有助于提升学生的环保素养和综合素质。此外，爱绿护绿还能够促进学生的身心健康。绿色的环境能够给人带来愉悦和放松的感觉，有助于缓解学习压力和生活焦虑。绿色的环境能够给人带来愉悦和放松的感觉。学生在紧张的学习生活中常常面临各种压力，而参与爱绿护绿活动能够让他们暂时释放这些压力，享受与大自然的亲密接触。爱绿护绿活动也能够培养学生的审美情趣和热爱自然的情感，提升其对自然美的感知能力。

8.2　爱绿护绿与校园碳汇

8.2.1　校园绿化行动

校园爱绿护绿是一项系统性工程，有效地开展校园绿化活动需要做好整体规划、全员行动、教育推广，不断提高学生的劳动意识、实践能力，增强其环保观念，从而营造优美、舒适、和谐的校园环境和氛围，促进学校绿色低碳的整体发展。开展校园绿化行动可以从以下几个方面进行：

（1）制定整体的方案机制

根据校园的具体情况，制定绿化方案，包括绿化的目标、任务、时间、预算等。在制定方案时，应充分考虑学生的需求和意见，让学生参与到方案的设计和制定中来。

建立绿化维护机制，采取定期对植物进行修剪、施肥、除草等养护措施，保证植物的正常生长和景观效果的持久。同时，可以组织学生参与到绿化维护中来，培养他们的环保观念和责任感。

建立绿化效果评价机制，定期对绿化效果进行评价和总结，及时发现问题并进行整改。评价机制可以由学生和教师共同参与制定和实施，以保证评价的公正性和客观性。

（2）加强爱绿护绿科普宣传

鼓励开展多种多样的绿色校园主题相关活动。定期开展绿色校园专题会议、讲座、沙龙或观摩等活动。丰富爱绿护绿相关专业知识。开设环保课程，引导他们树立正确的环保意识，培养他们爱绿护绿的行为习惯。

根据学校所在城市的地理位置和学校的独特性，建立绿色校园的学生团体和教育基地。通过展示环保科技、生态保护的成就以及环保教育的相关内容，向大家传播环保的知识，从而提升他们的环保意识。

组织并引导学生深入社区，将绿色校园的建设理念和方式在社区进行推广，以此对附近的绿色社区或其他绿色校园的建设产生积极的指导和示范效果。

（3）开展爱绿护绿劳动教育

校园绿化活动可以培养学生的劳动意识、实践能力和环保观念，是一种有效的劳动教育方式。

校园绿化活动可以让学生亲身体验劳动的过程，了解劳动的艰辛和付出，从而增强学生的劳动意识。在校园绿化活动中，学生需要参与植物的种植、修剪、施肥、除草等一系列劳动，这些劳动不仅锻炼学生的身体，还可让他们体验到劳动的辛苦和收获的喜悦。

校园绿化活动可以培养学生的实践能力和动手能力。绿化活动需要学生具备一定的植物知识和园艺技能，开展如"校园树木认养"等义务植树活动，让其亲身体验植物的种植过程，通过实际操作和经验积累，提升学生对绿化植物的认识和建设绿色校园的意识。

校园绿化活动还可以培养学生的环保观念和生态意识。绿化活动让学生认识到植物对环境的改善作用，可以提高学生对环保和生态的认识与理解。同时，绿化活动也鼓励学生参与到环保活动中来，以实际行动推动环境保护和绿色生态建设。

8.2.2 校园碳汇的方式

碳汇是通过种植树木、进行森林管理以及恢复植被等方式，利用植物的光合作用来吸取大气中的二氧化碳，然后将其储存在植物和土壤中，以此来降低大气中的温室气体浓度。碳汇在减缓气候变化、保护生物多样性、改善生态环境等方面具有重要意义。校园爱绿护绿是校园碳汇的重要方式，校园绿化碳汇可以从绿化碳生成、管理和转化等方面进行。

一是绿色植物碳汇生成。树木林草具有较高的固碳能力，通过植被绿化增加校园内的绿色植被面积，是提高校园的碳汇能力最基本的方式。此外可以通过开展立体绿化类，如屋顶绿化、垂直绿化、沿口绿化等建设，推进新建绿色建筑和对既有建筑绿色化改造，在建筑设计和施工过程中充分利用自然资源和环境因素，提升校园碳汇的生成能力。

（1）垂直绿化可以利用攀缘植物或其他植物材料，在建筑立面、屋顶、阳台等空间进行绿化，增加校园的绿化覆盖率，提高校园的碳汇水平。垂直绿化有助于扩大建筑的绿色覆盖面，优化微气候及生态状况，提升空气湿度，减少室内气温，并且还可以对建筑的外形进行装饰，为人们创造一个舒适的休息场所。利用墙面、阳台、栏杆等空间进行垂直绿化，还可以改善校园的小气候，提升区域环境质量和居住舒适性。

（2）绿色建筑则在建筑设计、施工、运营等全过程中充分考虑节能、环保、经济、适应性等因素，以实现可持续发展为目标。绿色建筑强调在建筑设计时充分利用自然光、自然风等自然资源，采用环保建材和节能技术，提高建筑的能效和室内环境质量。此外，绿色建筑还强调在建设阶段降低对环境的污染和损害，以达到建筑物与自然的协调发展。垂直绿化作为绿色建筑的一个重要部分，可以增加建筑的绿量，改善建筑的气候和环境，从而更好地实现绿色建筑的理念和目标。

二是雨水收集利用的碳汇管理。实施校园的碳汇管理，合理使用水资源、能源等资源，减少浪费。校园雨水收集利用是一项可持续的环保行动，可以有效地提高雨水的利用率，缓解用水压力，同时还可以改善生态环境，提高校园的碳汇能力。以下介绍一些常见的校园雨水收集利用方式。

（1）雨水收集系统通过安装雨水收集器、雨水桶等设施，收集校园内的雨水，用于浇灌植物、清洗路面等。这种方式的优点是可以充分利用雨水资源，减少自来水的使用量。

（2）建设人工湿地，利用生态系统的自然净化功能对雨水进行过滤和净化。经过人工湿地处理后的雨水可以用于植物的生长、景观水体的补充等。

（3）设置雨水花园，利用植物、土壤等自然元素对雨水进行净化，同时还可以起到美化景观的作用。经过雨水花园处理后的雨水可以用于补充地下水、景观水体等。

（4）建设蓄水池，将雨水储存起来，用于灌溉植物、清洗路面等。这种方式的优点是可以应对干旱时期的用水需求，保证植物的正常生长和校园的清洁卫生。

三是绿化垃圾处理的碳汇转化。绿化垃圾主要指的是绿化过程中产生的废弃物，包括树枝、树叶、草屑等。这些垃圾可以通过以下方式进行碳汇转化。

（1）堆肥处理。树枝、树叶和草屑等有机废弃物可以被用来制作堆肥。当特定的环境和气候条件存在时，通过微生物的处理，它们会被转化为具有活性的有机物，这些物质最后会变得与土壤相似，可以作为植物的营养来源，从而给予植物必要的营养。

（2）生物质燃料。将绿化废弃物进行干燥、压缩等处理，可以制成颗粒状或棒状的固体燃料，这种燃料燃烧时产生的二氧化碳量与其生长过程中吸收的二氧化碳量基本相当，被认为是较为环保的能源。

（3）制备生物炭。在缺氧条件下对绿化废弃物进行高温裂解，可以得到一种类似于活性炭的黑色固体，即生物炭。生物炭具有良好的吸附性能，可以用于土壤改良、污水处理等。

（4）木塑工艺。将绿化废弃物粉碎、干燥后与塑料混合，通过挤出或注塑成型等工艺可以制成一种具有木材和塑料特性的复合材料，这种材料可以替代部分木材和塑料，用于制造各种景观设施。

这些利用方式不仅能有效处理绿化垃圾，还能变废为宝，实现资源的循环利用，对于推动绿化垃圾的碳汇转化和环境保护具有积极意义。

8.3 面向爱绿护绿的劳动教育实施路径

面向爱绿护绿的劳动教育实施路径主要可以从五个方面着手：

（1）盘活学校绿化资源，规划建立园林绿化劳动教育基地。学校是学生学习和成长的重要场所，郁郁葱葱的树木、五彩斑斓的花卉、绿意盎然的草坪，共同构成了学校宝贵的绿化资源。此外，一些学校校园内还种植着古树名木，承载着深厚的历史和人文教育价值，应该充分盘活这些绿化资源，发挥其教育作用。在此基础上，进一步规划并建立园林绿化劳动教育基地，为学生提供爱绿护绿劳动教育实践的场所。基地内可以设置标识牌、展示栏等，展示绿化知识和劳动成果，增加学生对园林绿化品种和种植养护方式的了解与认知。

（2）开展全覆盖绿化尽责教育和纪念日主题实践活动。爱绿护绿教育应该覆盖到每一个学生。可以充分利用劳动教育课堂、讲座、宣传栏、新媒体等多种形式开展全覆盖绿化尽责教育。同时，结合植树节、世界环境日等纪念日组织主题鲜明的实践活动，如义务植树、环保徒步等。在课程设计中要融入我国近些年在国土绿化方面的突出成效，让学生了解统筹推进山水林田湖草沙一体化保护和系统治理，以及科学开展国土绿化、加强生态保护修复、促进生态环境持续改善的重要意义。

（3）设计长效化、周期性的绿化劳动教育实践活动。爱绿护绿行动不应只成为"植树节"的"应景之作"，应通过基地的建设，拓展至长效化、周期性的绿化劳动教育实践活动。这些活动可以包括绿植认养、绿化养护、环保志愿服务等，让学生在持续的实践中逐渐形成良好的环保习惯。通过一年四季的爱绿护绿劳动教育实践行动，让学生亲自观察并体验到花草苗木从种植到成长的过程，培养学生对大自然的感恩和亲自参与并收获的自豪感。此外，还可以引导学生结合专业技能开发科技养护装置设备，创造各类可用于劳动生产一线的制作发明。在活动形式上应加大创新力度，增强爱绿护绿行动的吸引力和活力。还应通过建立相应的机制，如设立志愿服务学分、评选优秀志愿者等，激发学生的参与热情，鼓励学生积极参与社会绿化志愿服务。

（4）开展爱绿护绿与节能节水、垃圾分类等一体化教育。将爱绿护绿教育与节能节水、垃圾分类等环保教育相结合。绿化种植养护过程中离不开水，绿化修剪过程中也会产生绿化垃圾，如何减少浇灌过程中的浪费，如何提升水资源循环利用的效率，如何提升绿化垃圾的合理化使用率等问题，都可以成为学生在爱绿护绿劳动教育实践环节中思考、探索并解决的主题。

（5）引导社会参与爱绿护绿行动。爱绿护绿劳动教育实践活动不应只局限在校园内，还应拓展至全社会。学校可以积极与社会公益机构等建立合作关系，共同策划和实施环保项目。这些项目既可以包括城市绿化、森林公园建设、荒漠化治理等大的方面，也能落脚在社区绿化景观设计、居家绿化小品设计、盆栽绿化种植等相对小的方面。此外，通过课堂教学、专题讲座、社会实践等方式，引导学生关注偏远地区的生态环保问题和因工业化加速以及由于人们生态环保意识淡漠而引发的绿色生态次生灾害问题，让学生在参与中深刻体会到改善环境的重要意义。

第 9 章
面向未来的绿色低碳理念与劳动教育变革

9.1 未来绿色低碳社会的愿景和挑战

随着人类社会的持续进步与发展，环境问题逐渐显现出其严峻性，已经成为摆在我们面前亟待解决的重大挑战。人类对清洁能源的渴求日益迫切，塑造一个可持续性的绿色低碳社会，加速绿色低碳技术的创新以驱动新一轮产业革命，已成为全球共同关注的焦点和追求的目标，这不仅将造福全人类，更将为我们的子孙后代留下一个蓝天白云、绿水青山的美丽家园。

面向未来，绿色低碳社会呈现出多样化的愿景，主要可以归纳为以下四个方面：

（1）能源结构的彻底转型。传统的化石能源将逐渐被清洁、可再生的能源替代，如太阳能、风能、水能等，在此基础上，将进一步减少温室气体排放，缓解全球气候变暖的压力，降低能源开采和使用过程中的环境污染。可以预见，分布式能源系统和智能电网等新技术将得到广泛应用，使得能源利用更加高效、灵活和可持续。

（2）生产方式的绿色升级。在未来的绿色低碳社会愿景中，生产方式将发生深刻的绿色变革。企业将更加注重资源节约和循环利用，绿色供应链和绿色生产体系的建设将进一步加强，清洁生产技术和环保材料将得到广泛应用。此外，循环经济将成为主导模式，通过废物再利用和资源化利用，实现经济增长与环境保护的良性循环。

（3）生活方式的低碳变革。绿色低碳社会还意味着生活方式的低碳化变革。公众将更加重视低碳、环保的生活方式。同时，随着新能源汽车、智能家居等低碳产品的普及，人们的生活将更加便捷、舒适且环保。在消费领域，未来的绿色低碳社会倡导更加环保和可持续的消费模式，将更加注重产品的环保属性和生产过程的可持续性，绿色认证和环保标识将成为产品市场竞争力的重要因素。在可预见的生活方式变革中，公众对绿色低碳生活方式的认同和实践将成为未来社会共同的趋势。

（4）全球合作与绿色成果的共享。未来的绿色低碳社会不仅是一个国家或地区的孤立实践，更是全球范围内的共同追求和合作成果。可以预见，国际上将进一步加强在应对气候变化、保护生物多样性等全球性环境问题上的合作，通过共同制定和执行国际环境法规、政策和标准，携手应对挑战，共同推动全球绿色低碳发展。同时，绿色技术的研发、转让和推广将成为国际合作的重点领域。发达国家和发展中国家将加强在清洁能源、节能减排、资源循环利用等领域的合作与交流，共享绿色技术创新成果，推动全球绿色技术水平的整体提升。

以上所述的四方面愿景将有力推动绿色低碳文化在全球的深入传播与广泛普及，促进全球生态环境的全面改善，为人们带来更加清新、健康的生活环境，为人类社会的可持续发展注入强大的动力。

当然，实现愿景的道路上也面临着挑战，需要青年一代攻坚克难。这些挑战主要包括以下几个方面：

（1）来自技术创新方面的挑战。当前许多绿色技术仍处于发展初期，存在着成本高、效率低、稳定性差等问题。需要青年学生充分结合自身专业优势，积极投身科技创新，通过深入研究和实践，推动绿色技术的突破和应用。

（2）来自经济转型方面的挑战。一些传统行业和企业可能面临转型的压力与困难，与此同时，一些新兴绿色产业则需要时间和市场的培育。青年学生需要具备全局思维和长远眼光，理性看待经济利益与环保利益的平衡问题，通过倡导绿色消费、推动绿色产业发展等方式，引导市场和社会向绿色低碳方向转型。

（3）来自社会认知方面的挑战。绿色低碳生活方式的推广和普及需要得到社会的广泛认同和支持。然而，仍有一部分公众对绿色低碳理念的认识不够深入，存在着误解和偏见，或是抱有事不关己的心态。青年学生作为社会的新生力量，需要积极传播绿色低碳理念，提高公众对环保问题的认识和参与度，通过社交媒体、公益活动等多种渠道普及环保知识，倡导绿色生活方式，引领并推动社会认知的转变。

（4）来自国际合作方面的挑战。绿色低碳社会目标的实现需要全球范围内的共同努力和合作。然而，当前国际环境复杂多变，各国在应对气候变化、推动绿色低碳发展等方面仍存在一定的分歧。青年学生需要具备国际视野和跨文化交流能力，积极参与国际环保合作与交流，牢固树立人类命运共同体的理念，助力全球绿色低碳发展的进程。

应对上述挑战，我们急需培养一大批年轻的绿色低碳理念践行者。这要求学生不仅要对绿色低碳的紧迫性和重要性有深刻的认识，更要能够将这种理念转化为日常生活中的实际行动。他们应该成为节能减排的倡导者，通过自身的行为示范，影响和带动身边的人共同参与到绿色低碳的生活中来。他们还应具备创新精神和实践能力，积极探索和推广新的绿色技术与生活方式，为社会的绿色低碳转型贡献自己的力量。

劳动教育作为一种深入浅出、寓教于行的教育方式，是实现绿色低碳人才培养目标的高效可行的途径。从劳动教育入手，加大生态文明、劳动教育的课程建设力度，在课堂上增加相关理论知识的传授，在实践中融入绿色低碳的元素，让绿色低碳理念入脑入心。同时，营造更具感染力的互动体验课堂环境，让学生自主、愉悦地在劳动中体验，在体验中学习，在学习中成长，使绿色低碳理念真正内化为自身的行为准则。

9.2 数智时代的绿色低碳劳动教育新模式

数智时代是数字化、智能化技术高速发展的时代，它以大数据、云计算、物联网、人工智能等新技术革命为特征，对人类的生产方式、生活方式和思维方式具有颠覆性的影响。

一方面，数智时代加速了绿色低碳社会的变革进程。人们可以通过物联网、传感器等技术实时监测能源消耗、碳排放等数据，为绿色发展决策提供科学依据。智能电网、智能交通等可提高能源利用效率，降低碳排放。在这些技术革新的影响下，绿色低碳生活方式更加深入人心，生活方式的转型与产业技术的发展实现了同频共振。

另一方面，数智技术也对传统教育模式产生了深远的影响，使其向个性化、智能化、交互式转变。通过大数据分析，教师可以更精准地了解学生的学习习惯和兴趣点，从而为他们提供更为贴合的教学内容和方法。人工智能在教学中的应用则可以大大提高教学效率，为学生提供更为便捷的学习体验。此外，虚拟现实、增强现实等技术为学生创造了沉浸式的学习环境，使他们能够更直观地理解和掌握知识。

在数智时代的浪潮下，绿色低碳劳动教育迎来了全新的发展机遇。传统的劳动教育模式已经难以满足当代社会对绿色低碳人才的需求，因此，探索数智时代下的绿色低碳劳动教育新模式显得尤为重要。

在教学技术上，数智时代为绿色低碳劳动教育提供了强大的技术支持。传统的黑板和粉笔已经被智能化的教学设备所取代。多媒体演示、交互式白板等先进的教学工具可以更加直观地展示绿色低碳劳动的相关知识和技能。同时，大数据和人工智能技术的应用让教师可以根据学生的学习情况和反馈实时调整教学策略。智能化的教学辅助系统还能根据学生的学习进度和反馈提供个性化的学习建议，让学习更加高效和有针对性。此外，通过数字化技术，学生可以获取海量的教学资源，包括文字、图片、视频等多种形式，这些资源不仅可以帮助学生更加直观地了解绿色低碳劳动的相关知识和技能，还可以让学生随时随地进行学习，打破了时间和空间的限制。

数智时代的绿色低碳劳动教育为学生提供了更加真实的模拟环境。采用虚拟现实、增强现实等技术，学生可以在课堂上模拟真实的绿色低碳劳动场景，进行实践操作和体验。这种沉浸式的实践体验可以让学生更加深入地了解绿色低碳劳动的实际操作过程，提高学生的实践能力和创新能力。

数智时代的绿色低碳劳动教育的新模式聚焦以下五个方面的学生综合能力发展：

（1）"互联网＋"生态思维能力。指学生能够运用互联网的思维方式和生态理念，去分析和解决绿色低碳劳动教育实践中问题的能力。包括：①系统性思维，运用系统的观点去看待绿色低碳劳动，理解其与经济、社会、环境的相互关系，而不是孤立地看待某个环节或问题；②创新性思维，借助互联网平台的开放性和共享性，在绿色低碳劳动实践中采用创新方法、技术和解决方案，应对不断变化的环境挑战；③数据驱动思维，学会收集、分析和利用数据，以科学的方式评估绿色低碳劳动的效果，并主动优化劳动过程；④用户导向思维，强调以用户为中心，思考劳动成果如何更好地满足社会和环境的需求，提高资源利用效率。

（2）服务"双碳"目标的数字化思维能力。指学生以实现碳达峰、碳中和目标为导向，运用数字化工具和方法，分析和解决绿色低碳劳动教育实践中问题的能力。包括：①量化分析与目标设定能力，运用数字化工具对绿色低碳劳动的相关数据进行收集、整理和分析，将所在环境的"双碳"目标量化为具体的指标和行动计划，为制定科学合理的减排措施提供数据支持；②数字技术与绿色劳动融合能力，将数字技术如人工智能、物联网、大数据等应用于绿色低碳劳动教育实践环节中，并形成具体方案，通过产学研项目应用并推广至企业的绿色技术创新和产业升级；③监测评估与动态调整能力，借助数字化手段，对绿色低碳劳动实践项目的实施效果进行实时监测和评估，根据评估结果动态调整策略和方法，确保"双碳"目标的实现路径不断优化；④政策理解与市场洞察能力，关注并理解"双碳"目标下的政策导向和市场趋势，运用数字化工具分析政策对市场和技术发展的影响，为制定适应性强的绿色低碳劳动策略提供依据。

（3）跨学科综合劳动实践能力。指学生将多学科知识和技能综合应用于绿色低碳劳动实践中，解决复杂多变的环境和社会问题的能力，助力学生在未来的职业发展中具备更强的竞争力和适应性。包括：①跨学科知识整合能力，如环境科学、能源技术、经济学、社会学等，构建跨学科知识图谱，为解决绿色低碳劳动教育实践中的问题提供全面的视角和解决方案；②实验设计与操作能力，掌握实验设计的基本原则和方法，能够独立或合作进行实验操作，收集和分析数据，验证或改进解决方案；③技术应用与创新能力，了解并掌握清洁能源技术、资源回收技术、环境监测技术等新技术，通过实践环节的数智赋能，提高劳动效率和环境质量。

（4）绿色低碳数智技术开发能力。指学生结合绿色低碳理念，运用数字化和智能化技术进行技术创新和开发，以推动绿色低碳发展的能力。包括：①技术理解能力，深入理解数字化和智能化技术的原理、特点和应用范围，为后续的技术开发和创新奠定基础；②绿色低碳技术创新能力，学会如何将绿色低碳理念融入技术开发和创新中，设计出符合可持续发展要求的产品、服务或解决方案；③数智工具应用能力，熟练掌握各种数智工具和技术平台，如编程语言、数据分析软件、机器学习框架等，能够运用这些工具对劳动教育实践项目的具体问题进行数据处理、模型构建、系统优化等工作；④系统设计与集成能力，能够将不同领域的技术进行有效融合，形成高效、稳定、绿色的技术系统，并从整体上把握技术系统的设计、开发和集成；⑤实验验证与优化能力，能够通过实验验证和优化所开发的绿色低碳数智技术，包括设计合理的实验方案、收集和分析实验数据、调整技术参数等，确保技术的可行性和优越性。

（5）数智化绿色低碳理念传播能力。指学生能够有效地将绿色低碳理念和数智化技术相结合，向公众传播相关知识、价值和实践方法，促进社会的绿色转型的能力。包括：①内容创作能力，具备创作高质量、有吸引力的绿色低碳内容的能力，通过开发创作寓教于乐、图文并茂、深入浅出的科普内容，激发公众对绿色低碳生活的兴趣和参与感；②全媒体运用能力，熟练掌握各种数字媒体平台和工具，如社交媒体、短视频平台、博客等，能够运用这些媒体有效地传播绿色低碳理念和数智化技术；③互动交流能力，具备与公众进行互动交流的能力，能够及时回应公众的疑问和反馈，建立良好的沟通机制，增强传播效果；活动策划能力，善于策划和组织各种线上线下活动，如讲座、研讨会、展览、实践体验等，通过活动吸引更多人关注和参与绿色低碳行动；④影响力评估能力，具备一定的影响力评估能力，能够运用数据分析工具和方法，对传播活动的效果进行评估和反馈，为优化传播策略提供依据。

9.3　绿色低碳理念与未来职业素养

绿色低碳生活不仅立足当下，更面向未来。对于青年学生而言，提早做好步入职场的准备是人生规划的重要组成部分，不同领域对青年人的职业素养要求各有不同，但面向未来发展的绿色低碳理念是其中的核心要素，这不仅是因为绿色低碳技术的发展已深刻影响了社会发展的进程，并带来了新型产业革命，更是因为随着人们对环境保护和可持续发展的日益重视，绿色低碳生活理念已成为未来人们生活、学习、工作的首选理念。职场，作为青年学生未来社会劳动的重要工作场所，对其核心素养的研究是评判当下劳动教育目标和方法是否准确的重要依据。

9.3.1　融合与提升：绿色低碳理念与职业素养的关系

绿色低碳与职业素养有着密不可分的关系。一方面，绿色低碳技术可提高职场工作生产效率，为企业创造更大的经济价值和社会价值；另一方面，绿色低碳理念深刻影响着职场管理方式，并对人们的其他活动场景有着重要的促进作用。这意味着职场中的管理层和每一位员工都需要将绿色低碳理念内化于心、外化于行，将其作为自己工作的准则和指南。

事实上，绿色低碳理念本身就是重要的职业素养，其中，不仅包括具备绿色、节能、降碳的专业领域知识和技能，还包括对环境保护和可持续发展的深度认知与实践应用。绿色低碳理念在企业中的深度推广，也能帮助员工更加注重资源节约、环境保护和能源效率，更加明确自己在社会绿色低碳发展中的责任和义务：工作不仅是为了谋取经济利益，更是为了推动社会的可持续发展。绿色低碳理念在职场中的有效推广还能促进员工主动关注企业的环境行为，对企业的环保决策提出建设性意见，并监督企业的环保执行情况。这种责任意识的提升不仅有助于企业的绿色发展，还能在社会上树立良好的企业形象，从而吸引更多的绿色投资者和消费者。

职业素养是一个多维度的概念，涵盖专业知识、技能、态度、价值观等多个方面。从职业素养的综合性角度出发，绿色低碳理念作为核心要素之一，与专业能力、创新精神、团队合作等其他核心素养相辅相成：

（1）绿色低碳理念与专业能力核心素养的关系。绿色低碳理念与专业能力的相辅相成不仅体现在两者之间的相互促进上，还贯穿于人才培养和职场发展的全过程。一方面，环境保护是绿色低碳理念的重要组成部分，也是职场对人才的基本要求之一。随着企业对员工的环保意识和环保行为越来越重视，员工需要具备绿色低碳专业能力，关注环境保护，积极参与企业的环保活动，推动企业的绿色转型，成为企业和社会所需的环保型人才。另一方面，具备绿色低碳理念的员工会更加注重环保行为，关注企业的环境绩效，从而推动企业在环保方面取得更好的成绩。这种关注环保的意识和行为也会促使员工在专业领域内更加注重绿色、低碳、可持续的技术和方法的应用，不断提升自己的专业能力。同时，以绿色低碳为导向的专业能力不仅有助于提升员工个人的职业竞争力，还有助于推动企业的绿色转型和可持续发展。此外，未来职场对人才的新要求已经不仅局限于单一的专业能力，更加注重人才的综合素质和跨领域合作能力。绿色低碳理念作为一种跨学科、跨领域的职业素养，要求员工具备跨领域的知识和技能，能够与不同领域的专业人才进行有效的沟通和合作，为企业和社会创造更大的价值。

（2）绿色低碳理念与创新精神核心素养的关系。绿色低碳理念是推动员工创新精神发展的重要驱动力之一。在面临环境挑战和资源约束的当下，实现绿色低碳发展已经成为企业和社会创新的重要方向，这种以绿色低碳为导向的创新思维不仅能够有效解决环境问题，还能为企业带来新的市场机遇和竞争优势。创新精神也是践行绿色低碳理念的关键要素。实现绿色低碳发展往往需要突破传统思维模式的束缚，打破技术瓶颈的制约，这就需要员工具备敢于尝试、勇于探索的创新精神。具备创新精神的员工不仅能够勇于面对挑战，还能在工作中不断寻求更环保、更高效的工作方法，从而推动企业在绿色低碳领域取得更大的突破。

（3）绿色低碳理念与团队合作核心素养的关系。绿色低碳理念的实现需要凝聚共识，在团队合力上下功夫，与团队合作的职业核心素养的融合与提升尤为重要。在团队中，共同的绿色低碳理念能够增强团队成员之间的凝聚力和归属感，不仅有助于提升团队的整体绩效，还能够促进团队成员之间的知识共享和技能提升。同时，团队成员通过有效的沟通和协作，有助于将不同的专业背景和知识储备整合起来，共同解决复杂的环保问题。这种跨学科、跨领域的团队合作不仅可以促进知识的交融与碰撞，还催生出新的创意和解决方案，为团队的绿色转型注入源源不断的动力。

9.3.2　面向未来：绿色低碳职业素养的培养与塑造

具备绿色低碳理念在人的全面发展中发挥着重要作用。随着生态文明建设的持续深入和数智时代的奔涌到来，面向未来的绿色低碳职业素养的定义进一步拓展，内涵不断丰富，具体体现在以下五个方面：

（1）创新绿色发展理念。在数智时代和生态文明建设的双重背景下，绿色低碳职业素养强调对创新绿色发展理念的深入理解和实践。创新绿色发展理念强调在推动经济发展的同时，注重环境保护和资源节约，以实现可持续发展为目标。创新绿色发展理念包括积极探索绿色技术、绿色生产方式和绿色消费模式，推动形成资源节约、环境友好的生产方式和消费模式。

（2）数智化应用技能。数智化应用技能是面向未来的绿色低碳职业素养中不可或缺的部分，是推动未来绿色低碳领域持续发展的关键因素，需要从业人员对于人工智能和大数据技术具备熟练的掌握程度。在绿色低碳理念的实践中，数据分析、智能技术应用以及数字化工具使用等多个层面需要协同发力。数据分析技能让工作人员能够从海量数据中提取有价值的信息，为决策提供科学依据；智能技术应用则使得从业人员能够利用人工智能、机器学习等技术手段，对生产、管理等环节进行智能化改造，实现效率的提升和资源的节约；数字化工具的使用让从业人员在绿色低碳设计和优化方面如虎添翼，大大提高工作效率和质量。工作人员不仅需要灵活运用这些科技手段，将其与绿色低碳理念相结合，推动绿色低碳技术的创新和应用，还应推动绿色低碳理念在产品设计、制造、使用等全生命周期的贯彻落实。对于从业人员而言，需要不断提升自己的数智化应用技能，更好地适应数智时代的发展需求，为推动绿色低碳发展作出更大的贡献。

（3）跨界整合能力。在绿色低碳发展的广阔舞台上，跨界整合能力显得尤为重要。这种能力不仅要求从业人员能够跨越学科、行业和地域的界限，更要求他们能够在这些不同的领域中找到共同点，实现知识与资源的有效整合。同时，他们还需要具备跨行业的视野，了解不同行业的发展趋势和需求，寻找合作的机会和切入点。此外，跨界整合能力还要求从业人员具备良好的沟通和协调能力，通过有效的沟通和协调化解矛盾、凝聚共识，推动绿色低碳发展事业的顺利进行。

（4）持续学习和终身学习能力。这种能力不仅体现为对新知识的渴求，也是一种面向时代变化提升自我价值的关键素养。持续学习意味着始终保持对新知识和新技能的好奇心。在绿色低碳领域，新的技术、新的理念、新的政策标准不断涌现，个人需要通过持续学习和实践应用所学所知，在不断成长的同时提高职场管理和服务水平。同时，持续学习要向终身学习习惯的养成和目标的树立迈进，以适应不断变化的职业环境和社会需求。

（5）绿色低碳合规意识。合规意识是绿色低碳发展进程中必备的职业素养，包括了解并遵守国家及地方关于环境保护、资源节约、能源管理等方面的法律法规和政策要求，跟踪关注相关法规的更新和变化，及时调整经营和管理策略。此外，还需要关注国际绿色低碳发展趋势和标准要求，了解国际环保组织的政策导向、国际环保法规的要求以及国际绿色贸易壁垒等方面的信息等。通过树立绿色低碳合规意识，管理者和从业者可以确保企业的生产经营活动符合法律法规和政策要求，降低违法风险和环境风险。

青年学生应该在学校期间有意识地积累和培养绿色低碳职业素养，以便更好地适应未来职场发展。在学校期间应加强统筹设计，推动大中小学一体化培养，通过实施融合绿色低碳理念的劳动教育，系统培养与塑造青年学生面向未来的绿色低碳职业素养。青年学生可以在以下三个方面发力：

（1）明确职业目标与方向，融入绿色低碳理念。在设定自己的职业目标时，青年学生应明确自己的专业方向，结合绿色低碳理念来规划自己的职业发展路径。无论是工程技术、经济管理还是社会科学，每个专业领域都有其独特的绿色低碳发展路径。青年学生应通过深入了解自己所学专业的知识体系和技能要求找到与绿色低碳理念的结合点，从而确定自己的职业发展方向。同时，根据自己的专业特点和市场需求，不断学习和更新相关知识，提高绿色低碳领域的专业技能和创新能力。

（2）提升绿色低碳领域的专业技能和创新能力。为了实现职业目标，青年学生需要不断提升自己在绿色低碳领域的专业技能和创新能力。通过参加由学校组织开展的绿色低碳劳动教育实践项目，或参与企业及研究机构发布的实践实习计划，深入了解行业企业的运作方式和实际需求。在与同学和导师进行深入交流与合作的同时，学习更多的实践经验和解决问题的方法。青年学生可以通过跨学科的学习和实践，强化更为全面和深入的职业素养，为未来的职业发展创造更多的机会和可能性。

（3）关注行业动态与政策变化，及时优化调整职业规划。绿色低碳领域的发展是一个动态的过程，受到政策、市场、技术等多方面因素的影响。因此，青年学生需要保持对行业动态和政策变化的关注，以便及时调整自己的职业规划。例如，可以定期阅读相关的行业报告、政策文件或参加相关的研讨会、论坛等活动，以了解最新的发展趋势和机会。

9.4　面向未来的绿色低碳公益服务

社会公益服务是社会性劳动教育的重要方式，是校内劳动教育的校外补充，也是青年学生践行并推广绿色低碳生活理念的重要实践渠道。

从目标来看，社会公益服务在推动社会进步和增进公共利益的同时，注重培养学生的社会责任感和服务意识，推动学生在服务中发现并解决实际问题，贡献个人力量。社会公益服务项目所面对的服务对象特点、服务专业要求、突发事件处置要求、绿色低碳应用场景等往往比校园内的劳动实践课程环境更为多元复杂，通过对社会公益服务的亲身参与，学生们能够深刻理解社会的多样性和复杂性，意识到自身作为社会成员所应承担的责任。在服务的过程中，学生们往往会遇到各种各样的问题和挑战，这些问题可能涉及社会、经济、文化等多个层面。面对这些问题，学生们不仅需要运用所学知识甚至跨学科知识进行分析，更需要发挥创造力和团队协作能力来寻找解决方案。这样的经历无疑会极大提升他们的实践能力和问题解决能力。

从方式来看，未来的绿色低碳公益服务将打破传统的线下单一服务模式，利用互联网平台进行广泛的宣传和推广，吸引更多人的关注和参与，线下渠道可以提供实地体验和实践的机会，让人们更加直观地了解和感受绿色低碳生活的重要性。线上线下的融合将形成互补的态势，让绿色低碳公益服务更加贴近人们的生活，更加具有吸引力和感染力。对学校而言，与行业企业深度产教融合强化培养绿色低碳公益服务的有效实践不仅有助于学校教育教学的改革和创新，还能为行业企业提供有针对性的人才支持，包括通过共建绿色低碳实验室或劳动教育实践基地，联合开发课程和教材，推出"微专业"项目等做法，一体化推动绿色低碳公益服务在社会中的广泛传播和实践。此外，推动大中小学一体化绿色低碳公益服务协同发展也是未来的大势所趋。这不仅需要将绿色低碳发展理念融入各级各类学校的教育教学、校园文化和社会服务中，形成一个有机衔接、相互支撑的教育体系，还应构建大中小学相衔接的绿色低碳课程体系，确保学生在不同学段都能接受到系统、连贯的绿色低碳教育。对大学生而言，与低学段学生同场域开展劳动教育实践，本身也是一种绿色低碳理念的传播示范。

在面向未来的绿色低碳公益服务领域中，绿色公益创业的浪潮正奔涌而来。公益创业是指社会组织、非营利组织等在经营过程中，将社会价值与经济价值创造性地融合，在确保不偏离公益性本质的同时，借助一些商业手段来实现公益组织的"造血"功能，推动可持续发展。绿色公益创业正成为其中的有生力量。

在绿色公益创业中，创业者通常会关注一些具有环保和社会价值的领域，如可再生能源、水资源管理、废物回收和处理、绿色建筑等。他们通过研发新技术、推广环保理念、提供环保产品和服务等方式来减少对环境的影响，提高资源利用效率，促进经济、社会和环境的协调发展。对青年而言，绿色公益创业也是展现自身才华，实现为社会服务理念的重要舞台，不仅需要创业者兼具创新思维、环保意识和社会责任感，还要有相关的技术及管理能力。

通过融合绿色低碳理念的劳动教育，有志于公益创业的青年学生可以基于实践的思考，找到绿色低碳领域中的兴趣点或发展中的难点、堵点，培养自己的市场洞察力和商业运营能力，以生态文明建设为己任，推动社会的绿色转型和可持续发展，为未来的环保事业注入新的活力和动力。

主要参考文献

[1] 习近平. 论坚持人与自然和谐共生[M]. 北京：中央文献出版社，2022.

[2] 中共中央文献研究室. 习近平关于社会主义生态文明建设论述摘编[M]. 北京：中央文献出版社，2017.

[3] 中共中央宣传部，中华人民共和国生态环境部. 习近平生态文明思想学习纲要[M]. 北京：学习出版社，人民出版社，2023.

[4] 陈迎. 碳达峰、碳中和100问[M]. 北京：人民日报出版社，2021.

[5] 陈迎. "双碳"目标与绿色低碳发展十四讲[M]. 北京：人民日报出版社，2023.

[6] 韩丹. 生活垃圾分类快速入门与习惯养成[M]. 北京：化学工业出版社，2020.

[7] 蒋永文，王德强. 大学生劳动教育[M]. 北京：高等教育出版社，2023.

[8] 垃圾分类小百科编写组. 垃圾分类小百科[M]. 北京：北京联合出版公司，2019.

[9] 刘丽红，肖志勇，赵彤军. 新时代劳动教育理论与实践教程[M]. 北京：中国民主法制出版社，2023.

[10] 刘向兵. 新时代高校劳动教育论纲[M]. 北京：社会科学文献出版社，2019.

[11] 刘向兵. 大学生劳动教育通识[M]. 北京：高等教育出版社，2022.

[12] 刘毅. 衣食住行话低碳[M]. 银川：宁夏人民出版社，2019.

[13] 吕辉雄. 低碳生活与绿色文明[M]. 北京：中国林业出版社，2022.

[14] 潘家华. 生态文明建设的理论构建与实践探索[M]. 北京：中国社会科学出版社，2019.

[15] 秦书生. 中国共产党生态文明思想的历史演进[M]. 北京：中国社会科学出版社，2019.

[16] 市民垃圾分类指南编写组. 市民垃圾分类指南[M]. 大连：大连出版社，2020.

[17] 宋德勇，卢忠宝. 中国低碳发展：理论、路径与政策[M]. 北京：中国社会科学出版社，2015.

[18] 宋煜. 生态文明[M]. 北京：化学工业山版社，2016.

[19] 涂同明，刘作甫，刘庆标，等. 生态文明建设知识简明读本（知识篇）[M]. 武汉：湖北科学技术出版社，2013.

[20] 汪军. 碳管理：从零通往碳中和[M]. 北京：电子工业出版社，2022.

[21] 王培红. 节能环保[M]. 南京：江苏凤凰科学技术出版社，2020.

[22] 王培红. 新能源[M]. 南京：江苏凤凰科学技术出版社，2020.

[23] 谢颜. 大学生劳动教育[M]. 北京：中国人民大学出版社，2022.

[24] 严运楼，王佳杰，朱蓓. 劳动教育理论与实务[M]. 北京：中国劳动社会保障出版社，2022.

[25] 杨发庭. 新时代生态文明建设与绿色发展[M]. 北京：中国社会科学出版社，2021.

[26] 杨建初，刘亚迪，刘玉莉. 碳达峰、碳中和知识解读[M]. 北京：中信出版集团，2021.

[27] 余源鹏. 物业环境管理：绿化保洁培训与管理手册[M]. 北京：机械工业出版社，2014.

[28] 张翠华，范小振. 能源新视野[M]. 北京：化学工业出版社，2019.

[29] 张馨. 大学生低碳生活教育[M]. 北京：新华出版社，2014.

[30] 赵冬梅，吴耀辉. 节能减排（全彩版）[M]. 北京：化学工业出版社，2019.

[31] 蔡昉，潘家华，王谋. 新中国生态文明建设70年[M]. 北京：中国社会科学出版社，2020.

[32] 朱翔，贺清云. 绿色低碳生活[M]. 北京：中国环境出版社，2016.

[33] 邹原东. 园林绿化施工与养护[M]. 北京：化学工业出版社，2013.

[34] 陈军平. 高等学校后勤绿化养护管理[M]. 保定：河北大学出版社，2009.